OCTAVE MIRBEAU

LE JARDIN

DES SUPPLICES

VINGT-SEPTIÈME MILLE

PARIS

BIBLIOTHÈQUE-CHARPENTIER

EUGÈNE FASQUELLE, ÉDITEUR

11, RUE DE GRENELLE, 11

——

1908

IL A ÉTÉ TIRÉ DE CET OUVRAGE

Cent cinquante exemplaires, numérotés à la presse,
format in-8° raisin, sur vélin de cuve,
avec un dessin en couleur de AUGUSTE RODIN.

Aux Prêtres, aux Soldats, aux Juges,
aux Hommes,
qui éduquent, dirigent, gouvernent les hommes,
je dédie
ces pages de Meurtre et de Sang.

O. M.

FRONTISPICE

Quelques amis se trouvaient, un soir, réunis
chez un de nos plus célèbres écrivains. Ayant
copieusement dîné, ils disputaient sur le meurtre,
à propos de je ne sais plus quoi, à propos de rien,
sans doute. Il n'y avait là que des hommes; des
moralistes, des poètes, des philosophes, des mé-
decins, tous gens pouvant causer librement, au
gré de leur fantaisie, de leurs manies, de leurs
paradoxes, sans crainte de voir, tout d'un coup,
apparaître ces effarements et ces terreurs que la
moindre idée un peu hardie amène sur le visage

*bouleversé des notaires. — Je dis notaires comme
je pourrais dire avocats ou portiers, non par dé-
dain, certes, mais pour préciser un état moyen
de la mentalité française.*

*Avec un calme d'âme aussi parfait que s'il se
fût agi d'exprimer une opinion sur les mérites
du cigare qu'il fumait, un membre de l'Académie
des sciences morales et politiques dit :*

*— Ma foi !... je crois bien que le meurtre est
la plus grande préoccupation humaine, et que
tous nos actes dérivent de lui...*

On s'attendait à une longue théorie. Il se tut.

*— Évidemment !... prononça un savant dar-
winien... Et vous, émettez là, mon cher, une de
ces vérités éternelles, comme en découvrait tous
les jours le légendaire M. de La Palisse...puisque
le meurtre est la base même de nos institutions
sociales, par conséquent la nécessité la plus impérieuse de la vie civilisée... S'il n'y avait plus
de meurtre, il n'y aurait plus de gouvernements
d'aucune sorte, par ce fait admirable que le
crime en général, le meurtre en particulier sont,
non seulement leur excuse, mais leur unique rai
son d'être... Nous vivrions alors en pleine anar-
chie, ce qui ne peut se concevoir... Aussi, loin de
chercher à détruire le meurtre, est-il indispen
sable de le cultiver avec intelligence et persévérance... Et je ne connais pas de meilleur moyen
de culture que les lois.*

Quelqu'un s'étant récrié :

— *Voyons! demanda le savant. Sommes-nous entre nous et parlons-nous sans hypocrisie?*

— *Je vous en prie!... acquiesça le maître de la maison... Profitons largement de la seule occasion où il nous soit permis d'exprimer nos idées intimes, puisque moi, dans mes livres, et vous, à votre cours, nous ne pouvons offrir au public que des mensonges.*

Le savant se tassa davantage sur les coussins de son fauteuil, allongea ses jambes qui, d'avoir été trop longtemps croisées l'une sur l'autre, s'étaient engourdies et, la tête renversée, les bras pendants, le ventre caressé par une digestion heureuse, lança au plafond des ronds de fumée :

— *D'ailleurs, reprit-il, le meurtre se cultive suffisamment de lui-même... A proprement dire, il n'est pas le résultat de telle ou telle passion ni la forme pathologique de la dégénérescence. C'est un instinct vital qui est en nous... qui est dans tous les être organisés et les domine, comme l'instinct génésique... Et c'est tellement vrai que, la plupart du temps, ces deux instincts se combinent si bien l'un par l'autre, se confondent si totalement l'un dans l'autre, qu'ils ne font, en quelque sorte, qu'un seul et même instinct, et qu'on ne sait plus lequel des deux nous pousse à donner la vie et lequel à la reprendre,*

lequel est le meurtre et lequel est l'amour. J'ai
reçu les confidences d'un honorable assassin qui
tuait les femmes, non pour les voler, mais pour
les violer. Son sport était que le spasme de plaisir, de l'un concordât exactement avec le spasme
de mort de l'autre : « Dans ces moments-là, me
disait-il, je me figurais que j'étais un Dieu et
que je créais le monde ! »

— Ah! s'écria le célèbre écrivain... Si vous
allez chercher vos exemples chez les professionnels de l'assassinat !

Doucement, le savant répliqua :

— C'est que nous sommes tous, plus ou moins,
des assassins... Tous, nous avons éprouvé cé-
rébralement, à des degrés moindres, je veux le
croire, des sensations analogues... Le besoin inné
du meurtre, on le refrène, on en atténue la vio-
ence physique, en lui donnant des exutoires
légaux: l'industrie, le commerce colonial, la
guerre, la chasse, l'antisémitisme... parce qu'il
est dangereux de s'y livrer sans modération, en
dehors des lois, et que les satisfactions morales
qu'on en tire ne valent pas, après tout, qu'on
s'expose aux ordinaires conséquences de cet acte,
l'emprisonnement... les colloques avec les juges,
toujours fatigants et sans intérêt scientifique...
finalement la guillotine...

— Vous exagérez, interrompit le premier in-
terlocuteur... Il n'y a que les meurtriers sans

*élégance, sans esprit, les brutes impulsives et
dénuées de toute espèce de psychologie, pour qui
le meurtre soit dangereux à exercer... Un homme
intelligent et qui raisonne peut, avec une imper-
turbable sérénité, commettre tous les meurtres
qu'il voudra. Il est assuré de l'impunité... La supériorité de ses combinaisons prévaudra toujours
contre la routine des recherches policières et,
disons-le, contre la pauvreté des investigations
criminalistes où se complaisent les magistrats
instructeurs... En cette affaire, comme en toutes
autres, ce sont les petits qui paient pour les
grands... Voyons, mon cher, vous admettez bien
que le nombre des crimes ignorés...*

— Et tolérés...

*— Et tolérés... c'est ce que j'allais dire... Vous
admettez bien que ce nombre est mille fois plus
grand que celui des crimes découverts et punis,
sur lesquels les journaux bavardent avec une
prolixité si étrange et un manque de philosophie
si répugnant?.. Si vous admettez cela, concédez
aussi que le gendarme n'est pas un épouvantail
pour les intellectuels du meurtre...*

*— Sans doute. Mais il ne s'agit pas de cela...
Vous déplacez la question. . Je disais que le
meurtre est une fonction normale — et non
point exceptionnelle — de la nature et de tout
être vivant. Or, il est exorbitant que, sous prétexte de gouverner les hommes, les sociétés se*

soient arrogé le droit exclusif de les tuer, au dé-
triment des individualités en qui, seules, ce droit
réside.

— Fort juste!... corrobora un philosophe ai-
mable et verbeux, dont les leçons, en Sorbonne,
attirent chaque semaine un public choisi... Notre
ami a tout à fait raison... Pour ma part, je ne
crois pas qu'il existe une créature humaine qui
ne soit — virtuellement du moins — un assas-
sin... Tenez, je m'amuse quelquefois, dans les
salons, dans les églises, dans les gares, à la ter-
rasse des cafés, au théâtre, partout où des foules
passent et circulent, je m'amuse à observer, au
strict point de vue homicide, les physionomies...
Dans le regard, la nuque, la forme du crâne, des
maxillaires, du zygoma des joues, tous, en quel-
que partie de leur individu, ils portent, visibles,
les stigmates de cette fatalité physiologique
qu'est le meurtre... Ce n'est point une aberra-
tion de mon esprit, mais je ne puis faire un pas
sans coudoyer le meurtre, sans le voir flamber
sous les paupières, sans en sentir le mystérieux
contact aux mains qui se tendent vers moi...
Dimanche dernier, je suis allé dans un village
dont c'était la fête patronale... Sur la grand'
place, décorée de feuillages, d'arcs fleuris, de
mâts pavoisés, étaient réunis tous les genres
d'amusements en usage dans ces sortes de ré-
jouissances populaires... Et, sous l'œil paternel

des autorités, une foule de braves gens se diver-
tissaient... Les chevaux de bois, les montagnes
russes, les balançoires n'attiraient que fort peu
de monde. En vain les orgues nasillaient leurs
airs les plus gais et leurs plus séduisantes ritour-
nelles. D'autres plaisirs requéraient cette foule
en fête. Les uns tiraient à la carabine, au pisto-
let, ou à la bonne vieille arbalète, sur des cibles
figurant des visages humains; les autres, à coups
de balles, assommaient des marionnettes, ran-
gées piteusement sur des barres de bois; ceux-là
frappaient à coups de maillet sur un ressort
qui faisait mouvoir, patriotiquement, un marin
français, lequel allait transpercer de sa baïon-
nette, au bout d'une planche, un pauvre Hova
ou un dérisoire Dahoméen... Partout, sous les
tentes et dans les petites boutiques illuminées,
des simulacres de mort, des parodies de mas-
sacres, des représentations d'hécatombes... Et
ces braves gens étaient heureux !

Chacun comprit que le philosophe était lancé...
Nous nous installâmes de notre mieux, pour
subir l'avalanche de ses théories et de ses anec-
dotes. Il poursuivit :

— Je remarquai même que ces divertissements
pacifiques ont, depuis quelques années, pris une
extension considérable. La joie de tuer est de-
venue plus grande et s'est davantage vulgarisée
à mesure que les mœurs s'adoucissent — car les

mœurs s'adoucissent, n'en doutez pas!... Autre-
fois, alors que nous étions encore des sauvages,
les tirs dominicaux étaient d'une pauvreté mo-
notone qui faisait peine à voir. On n'y tirait que
des pipes et des coquilles d'œufs, dansant au haut
des jets d'eau. Dans les établissements les plus
luxueux, il y avait bien des oiseaux, mais ils
étaient de plâtre... Quel plaisir, je vous le de-
mande?... Aujourd'hui le progrès étant venu, il
est loisible à tout honnête homme de se procurer,
pour deux sous, l'émotion délicate et civilisa-
trice de l'assassinat... Encore y gagne-t-on, par-
dessus le marché, des assiettes coloriées et des
lapins... Aux pipes, aux coquilles d'œufs, aux
oiseaux de plâtre qui se cassaient stupidement,
sans nous suggérer rien de sanglant, l'imagina-
tion foraine a substitué des figures d'hommes,
de femmes, d'enfants, soigneusement articulés
et costumés, comme il convient... Puis on a fait
gesticuler et marcher ces figures... Au moyen
d'un mécanisme ingénieux, elles se promènent,
heureuses, ou fuient, épouvantées. On les voit ap-
paraître, seules ou par groupes, dans des paysages
en décor, escalader des murs, entrer dans des
donjons, dégringoler par des fenêtres, surgir
par des trappes... Elles fonctionnent ainsi que
des êtres réels, ont des mouvements du bras, de
la jambe, de la tête. Il y en a qui semblent pleu-
rer...il y en a qui sont comme des pauvres... il y

en a qui sont comme des malades... il y en a de
vêtues d'or comme des princesses de légende.
Vraiment l'on peut s'imaginer qu'elles ont une
intelligence, une volonté, une âme... qu'elles
sont vivantes!... Quelques-unes prennent même
des attitudes pathétiques, suppliantes... On croit
les entendre dire : « Grâce!... ne me tue pas!... »
Aussi, la sensation est exquise de penser que
l'on va tuer des choses qui bougent, qui avan-
cent, qui souffrent, qui implorent!... En diri-
geant contre elles la carabine ou le pistolet, il
vous vient, à la bouche, comme un goût de sang
chaud... Quelle joie quand la balle décapite ces
semblants d'hommes!... quels trépignements
lorsque la flèche crève les poitrines de carton et
couche, par terre, les petits corps inanimés, dans
des positions de cadavres!... Chacun s'excite,
s'acharne, s'encourage... On n'entend que des
mots de destruction et de mort: « Crève-le donc!..
vise-le à l'œil... vise-le au cœur... Il a son af-
faire! » Autant ils restent, ces braves gens, indi-
férents devant les cartons et les pipes, autant
ils s'exaltent, si le but est représenté par une
figure humaine. Les maladroits s'encolèrent,
non contre leur maladresse, mais contre la ma-
rionnette qu'ils ont manquée... Ils la traitent de
lâche, la couvrent d'injures ignobles, lorsqu'elle
disparaît, intacte, derrière la porte du donjon...
Ils la défient : « Viens-y donc, misérable! » Et

ils recommencent à tirer dessus, jusqu'à ce qu'ils
l'aient tuée... Examinez-les, ces braves gens...
En ce moment-là, ce sont bien des assassins, des
êtres mus par le seul désir de tuer. La brute ho-
micide qui, tout à l'heure, sommeillait en eux,
s'est réveillée devant cette illusion qu'ils allaien
détruire quelque chose qui vivait. Car le petit
bonhomme de carton, de son ou de bois, qui passe
et repasse dans le décor, n'est plus, pour eux,
un joujou, un morceau de matière inerte... A le
voir passer et repasser, inconsciemment ils lui
prêtent une chaleur de circulation, une sensibilité
de nerfs, une pensée, toutes choses qu'il est si
âprement doux d'anéantir, si férocement déli-
cieux de voir s'égoutter par des plaies qu'on a
faites... Ils vont même jusqu'à le gratifier, le
petit bonhomme, d'opinions politiques ou reli-
gieuses contraires aux leurs, jusqu'à l'accuser
d'être Juif, Anglais ou Allemand, afin d'ajouter
une haine particulière à cette haine générale de
la vie, et doubler ainsi d'une vengeance person-
nelle, intimement savourée, l'instinctif plaisir
de tuer.

Ici intervint le maître de la maison qui,
par politesse pour ses hôtes et dans le but
charitable de permettre à notre philosophe et
à nous-mêmes de souffler un peu, objecta mol-
lement :

— Vous ne parlez que des brutes, des paysans,

lesquels, je vous l'accorde, sont en état permanent de meurtre... Mais il n'est pas possible que vous appliquiez les mêmes observations aux « esprits cultivés », aux « natures policées », aux individualités mondaines, par exemple, dont chaque heure de leur existence se compte par des victoires sur l'instinct originel et sur les persistances sauvages de l'atavisme.

A quoi notre philosophe répliqua vivement :

— Permettez... Quels sont les habitudes, les plaisirs préférés de ceux-là que vous appelez, mon cher, « des esprits cultivés et des natures policées »? L'escrime, le duel, les sports violents, l'abominable tir aux pigeons, les courses de taureaux, les exercices variés du patriotisme, la chasse... toutes choses qui ne sont, en réalité, que des régressions vers l'époque des antiques barbaries où l'homme — si l'on peut dire — était, en culture morale, pareil aux grands fauves qu'il poursuivait. Il ne faut pas se plaindre d'ailleurs que la chasse ait survécu à tout l'appareil ma. transformé de ces mœurs ancestrales. C'est un dérivatif puissant, par où les « esprits cultivés et les natures policées » écoulent, sans trop de dommages pour nous, ce qui subsiste toujours en eux d'énergies destructives et de passions sanglantes. Sans quoi, au lieu de courre le cerf, de servir le sanglier, de massacrer d'innocents volatiles dans les luzernes, soyez assuré que c'est à nos trousses

que les « esprits cultivés » lanceraient leurs meutes, que c'est nous que les « natures policées » abattraient joyeusement, à coups de fusil, ce qu'ils ne manquent pas de faire, quand ils ont le pouvoir, d'une façon ou d'une autre, avec plus de décision et — reconnaissons-le franchement — avec moins d'hypocrisie que les brutes... Ah! ne souhaitons jamais la disparition du gibier de nos plaines et de nos forêts !... Il est notre sauvegarde et, en quelque sorte, notre rançon... Le jour où il disparaîtrait tout d'un coup, nous aurions vite fait de le remplacer, pour le délicat plaisir des « esprits cultivés ». L'affaire Dreyfus nous en est un exemple admirable, et jamais, je crois, la passion du meurtre et la joie de la chasse à l'homme, ne s'étaient aussi complètement et cyniquement étalées... Parmi les incidents extraordinaires et les faits monstrueux, auxquels, quotidiennement, depuis une année, elle donna lieu, celui de la poursuite, dans les rues de Nantes, de M. Grimaux, reste le plus caractéristique et tout à l'honneur des « esprits cultivés et des natures policées », qui firent couvrir d'outrages et de menaces de mort, ce grand savant à qui nous devons les plus beaux travaux sur la chimie... Il faudra toujours se souvenir de ceci que, le maire de Clisson, « esprit cultivé », dans une lettre rendue publique, refusa l'entrée de sa ville à M. Grimaux et regretta que les lois modernes ne lui permissent point de « le pendre haut et court », comme il advenait des savants, aux belles époques des anciennes monarchies... De quoi, cet excellent maire fut fort approuvé par tout ce que la France compte de ces « individualités mondaines » si exquises, lesquelles, au dire de notre hôte, remportent chaque iour d'éclatantes victoires sur l'instinct orginel et les persistances sauvages de l'atavisme. Remarquez, en outre, que c'est chez les esprits cultivés e les natures policées que se recrutent presque exclusivement les officiers, c'est-à-dire des hommes qui, ni plus ni moins méchants, ni plus ni moins bêtes que les autres, choisissent librement un métier — fort honoré du reste — où tout l'effort intellectuel consiste à opérer sur la personne humaine les violations les plus diverses, à développer, multiplier les plus complets, les plus amples, les plus sûrs moyens de pillage, de destruction et de mort... N'existe-t-il pas des navires de guerre à qui l'on a donné les noms parfaitement loyaux et véridiques, de Dévastation... Furor... Terror?... *Et moi-même?... Ah! tenez!.. J'ai la certitude que je ne suis pas un monstre... je crois être un homme normal, avec des tendresses, des sentiments élevés, une culture supérieure, des raffinements de civilisation et de sociabilité... Eh bien, que de fois j'ai entendu gronder en moi la voix impérieuse du meurtre!...*

b

*Que de fois j'ai senti monter du fond de mon être
à mon cerveau, dans un flux de sang, le désir,
l'âpre, violent et presque invincible désir de
tuer !... Ne croyez pas que ce désir se soit manifesté dans une crise passionnelle, ait accompagné
une colère subite et irréfléchie, ou se soit combiné
avec un vil intérêt d'argent ?... Nullement... Ce
désir naît soudain, puissant, injustifié en moi,
pour rien et à propos de rien... dans la rue, par
exemple, devant le dos d'un promeneur inconnu... Oui, il y a des dos, dans la rue, qui appellent le couteau... Pourquoi ?...*

*Sur cette confidence imprévue, le philosophe
se tut, un instant, nous regarda tous d'un air
craintif... Et il reprit :*

*— Non, voyez-vous, les moralistes auront
beau épiloguer... le besoin de tuer naît chez
l'homme avec le besoin de manger, et se confond
avec lui... Ce besoin instinctif, qui est le moteur
de tous les organismes vivants, l'éducation le
développe au lieu de le refréner, les religions le
sanctifient au lieu de le maudire ; tout se coalise
pour en faire le pivot sur lequel tourne notre
admirable société. Dès que l'homme s'éveille à
la conscience, on lui insuffle l'esprit du meurtre
dans le cerveau. Le meurtre, grandi jusqu'au
devoir, popularisé jusqu'à l'héroïsme, l'accom-
pagnera dans toutes les étapes de son existence.
On lui fera adorer des dieux baroques, des dieux*

fous furieux qui ne se plaisent qu'aux cata-
clysmes et, maniaques de férocité, se gorgent de
vies humaines, fauchent les peuples comme des
champs de blé. On ne lui fera respecter que les
héros, ces dégoûtantes brutes, chargées de crimes
et toutes rouges de sang humain. Les vertus par
où il s'élèvera au-dessus des autres, et qui lui
valent la gloire, la fortune, l'amour, s'appuie-
ront uniquement sur le meurtre... Il trouvera,
dans la guerre, la suprême synthèse de l'éter-
nelle et universelle folie du meurtre, du meurtre
régularisé, enrégimenté, obligatoire, et qui est
une fonction nationale. Où qu'il aille, quoi qu'il
fasse, toujours il verra ce mot : meurtre, im-
mortellemen inscrit au fronton de ce vaste abat-
toir qu'est l'Humanité. Alors, cet homme, à qui
l'on inculque, dès l'enfance, le mépris de la vie
humaine, que l'on voue à l'assassinat légal,
pourquoi voulez-vous qu'il recule devant le
meurtre, quand il y trouve un intérêt ou une dis-
traction ? Au nom de quel droit la société va-
t-elle condamner des assassins qui n'ont fait, en
réalité, que se conformer aux lois homicides
qu'elle édicte, et suivre les exemples sanglants
qu'elle leur donne ?... « Comment, pourraient
dire les assassins, un jour, vous nous obligez à
assommer un tas de gens, contre lesquels nous
n'avons pas de haine, que nous ne connaissons
même pas; plus nous les assommons, plus vous

nous comblez de récompenses et d'honneurs!...
Un autre jour, confiants dans votre logique, nous
supprimons des êtres parce qu'ils nous gênent et
que nous les détestons, parce que nous désirons
leur argent, leur femme, leur place, ou simple-
ment parce que ce nous est une joie de les sup-
primer :' toutes raisons précises, plausibles et hu-
maines... Et c'est le gendarme, le juge, le bour-
reau!... Voilà une révoltante injustice et qui
n'a pas le sens commun! » *Que pourrait répon-*
dre à cela la société, si elle avait le moindre
souci de logique?...

Un jeune homme qui n'avait pas encore pro-
noncé une parole, dit alors :

— Est-ce bien l'explication de cette singulière
manie du meurtre dont vous prétendez que nous
sommes tous, originellement ou électivement at-
teints?... Je ne le sais pas et ne veux pas le sa-
voir. J'aime mieux croire que tout est mystère
en nous. Cela satisfait davantage la paresse de
mon esprit qui a horreur de résoudre les pro-
blèmes sociaux et humains, qu'on ne résoud ja-
mais d'ailleurs, et cela me fortifie dans les idées,
dans les raisons uniquement poétiques, par quoi
je suis tenté d'expliquer, ou plutôt de ne pas
expliquer tout ce que je ne comprends point...
Vous nous avez, mon cher maître, fait tout à
l'heure une confidence assez terrible et décrit
des impressions qui, si elles prenaient une forme

*active, pourraient vous mener loin et moi aussi,
car ces impressions, je les ai souvent ressenties,
et, tout dernièrement, dans les circonstances fort
banales que voici... Mais, auparavant, voulez-
vous me permettre d'ajouter que ces états d'esprit anormaux, je les dois peut-être au milieu
dans lequel j'ai été élevé, et aux influences quotidiennes qui me pénétrèrent à mon insu... Vous
connaissez mon père, le Docteur Trépan. Vous
savez qu'il n'y a pas d'homme plus sociable, plus
charmant que lui. Il n'y en a pas, non plus, dont
la profession ait fait un assassin plus délibéré...
Bien des fois j'ai assisté à ces opérations merveilleuses qui l'ont rendu célèbre dans le monde entier... Son mépris de la vie a quelque chose de
véritablement prodigieux. Une fois, il venait de
pratiquer devant moi une laparotomie très difficile, quand, tout d'un coup, examinant sa malade
encore dans le sommeil du chloroforme, il se
dit : « Cette femme doit avoir une affection du
pylore... Si je lui ouvrais aussi l'estomac?... J'ai
le temps. » Ce qu'il fit. Elle n'avait rien. Alors
mon père se mit à recoudre l'inutile plaie en
disant : « Au moins, comme cela, on est tout de
suite fixé ». Il le fut d'autant mieux que la malade mourait le soir même... Un autre jour, en
Italie, où il avait été appelé pour une opération,
nous visitions un musée... Je m'extasiais...
« Ah! poète! poète! s'écria mon père qui, pas*

*un instant, ne s'était intéressé aux chefs-d'œuvre
qui me transportaient d'enthousiasme... L'art !...
l'art !... le beau !... sais-tu ce que c'est ?... Eh
bien, mon garçon, le beau, c'est un ventre de
femme, ouvert, tout sanglant, avec des pinces
dedans !... » Mais je ne philosophie plus, je raconte... Vous tirerez du récit que je vous ai promis toutes les conséquences anthropologiques
qu'il comporte, si vraiment il en comporte...*

*Ce jeune homme avait une assurance dans les
manières, un mordant dans la voix, qui nous fit
un peu frissonner.*

*— Je revenais de Lyon, reprit-il, et j'étais
seul dans un compartiment de première classe.
A je ne sais plus quelle station, un voyageur
monta. L'irritation d'être troublé dans sa solitude peut déterminer des états d'esprit d'une
grande violence et vous prédisposer à des actes
fâcheux, j'en conviens... Mais je n'éprouvai
rien de tel... Je m'ennuyais tellement d'être seul
que la venue fortuite de ce compagnon me fut,
plutôt, tout d'abord, un plaisir. Il s'installa en
face de moi, après avoir déposé avec précaution,
dans le filet, ses menus bagages... C'était un
gros homme, d'allures vulgaires, et dont la laideur grasse et luisante ne tarda pas à me devenir
antipathique... Au bout de quelques minutes,
je sentais, à le regarder, comme un invincible
dégoût... Il était étalé sur les coussins, pesam-*

*ment, les cuisses écartées, et son ventre énorme,
à chaque ressaut du train, tremblait et roulait
ainsi qu'un ignoble paquet de gélatine. Comme
il paraissait avoir chaud, il se décoiffa et s'épon-
gea salement le front, un front bas, rugueux,
bosselé, que mangeaient, tels une lèpre, de courts
cheveux, rares et collés. Son visage n'était qu'un
amas de bourrelets de graisse ; son triple menton,
lâche cravate de chair molle, flottait sur sa poitrine. Pour éviter cette vue désobligeante, je pris
le parti de regarder le paysage et je m'efforçai
de m'abstraire complètement de la présence de
cet importun compagnon. Une heure s'écoula...
Et quand la curiosité, plus forte que ma volonté,
eut ramené mes regards sur lui, je vis qu'il s'était
endormi d'un sommeil ignoble et profond. Il
dormait, tassé sur lui-même, la tête pendant et
roulant sur ses épaules, et ses grosses mains
boursouflées étaient posées, tout ouvertes, sur la
déclivité de ses cuisses. Je remarquai que ses
yeux ronds saillaient sous des paupières plissées
au milieu desquelles, dans une déchirure, apparaissait un petit coin de prunelles bleuâtres,
semblables à une ecchymose sur un lambeau de
peau flasque. Quelle folie soudain me traversa
l'esprit ?... En vérité, je ne sais... Car si j'ai été
sollicité souvent par le meurtre, cela restait en
moi à l'état embryonnaire de désir et n'avait
jamais encore pris la forme précise d'un geste et*

d'un acte... Puis-je croire que l'ignominieuse laideur de cet homme ait pu, seule, déterminer ce geste et cet acte?... Non, il y a une cause plus profonde et que j'ignore... Je me levai doucement et m'approchai du dormeur, les mains écartées, crispées et violentes, comme pour un étranglement...

Sur ce mot, en conteur qui sait ménager ses effets, il fit une pause... Puis, avec une évidente satisfaction de soi-même, il continua :

— Malgré mon aspect plutôt chétif, je suis doué d'une force peu commune, d'une rare souplesse de muscles, d'une extraordinaire puissance d'étreinte, et, à ce moment, une étrange chaleur décuplait le dynamisme de mes facultés physiologiques... Mes mains allaient, toutes seules, vers le cou de cet homme, toutes seules, je vous assure, ardentes et terribles... Je sentais en moi une légèreté, une élasticité, un afflux d'ondes nerveuses, quelque chose comme la forte ivresse d'une volupté sexuelle... Oui, ce que j'éprouvais, je ne puis mieux le comparer qu'à cela... Au moment où mes mains allaient se resserrer, indéserrable étau, sur ce cou graisseux, l'homme se réveilla... Il se réveilla avec de la terreur dans son regard, et il balbutia : « Quoi?... quoi?... quoi?... » Et ce fut tout !... Je vis qu'il voulait parler encore, mais il ne le put. Son œil rond vacilla, comme une petite lueur battue du vent. Ensuite, il resta fixé sur moi, immobile sur

moi, dans de l'épouvante... Sans dire un mot, sans même chercher une excuse ou une explication par quoi l'homme eût été rassuré, je me rassis, en face de lui, et négligemment, avec une aisance de manières qui m'étonne encore, je dépliai un journal que, d'ailleurs, je ne lus pas... A chaque minute, l'épouvante grandissait dans le regard de l'homme qui, peu à peu, se révulsa, et je vis son visage se tacher de rouge, puis se violacer, puis se raidir... Jusqu'à Paris, le regard de l'homme conserva son effrayante fixité... Quand le train s'arrêta, l'homme ne descendit pas...

Le narrateur alluma une cigarette à la flamme d'une bougie, et, dans une bouffée de fumée, de sa voix flegmatique, il dit :

— Je crois bien !... Il était mort !... Je l'avais tué d'une congestion cérébrale...

Ce récit avait produit un grand malaise parmi nous... et nous nous regardions avec stupeur... L'étrange jeune homme était-il sincère ?... Avait-il voulu nous mystifier ?... Nous attendions une explication, un commentaire, une pirouette... Mais il se tut... Grave, sérieux, il s'était remis à fumer, et, maintenant, il semblait penser à autre chose... La conversation, à partir de ce moment, se continua sans ordre, sans entrain, effleurant mille sujets inutiles, sur un ton languissant...

C'est alors qu'un homme, à la figure ravagée, le dos voûté, l'œil morne, la chevelure et la barbe prématurément toutes grises, se leva avec effort, et d'une voix qui tremblait, il dit :

— Vous avez parlé de tout, jusqu'ici, hormis des femmes, ce qui est vraiment inconcevable dans une question où elles ont une importance capitale.

— Eh bien !... parlons-en, approuva l'illustre écrivain, qui se retrouvait dans son élément favori, car il passait, dans la littérature, pour être ce curieux imbécile qu'on appelle un maître féministe... Il est temps, en effet, qu'un peu de joie vienne dissiper tous ces cauchemars de sang... Parlons de la femme, mes amis, puisque c'est en elle et par elle que nous oublions nos sauvages instincts, que nous apprenons à aimer, que nous nous élevons jusqu'à la conception suprême de l'idéal et de la pitié.

L'homme à la figure ravagée eut un rire où l'ironie grinça, comme une vieille porte dont les gonds sont rouillés.

— La femme éducatrice de la pitié !.. s'écria-t-il... Oui, je connais l'antienne... C'est fort employé dans une certaine littérature, et dans les cours de philosophie salonnière... Mais toute son histoire, et, non seulement son histoire, son rôle dans la nature et dans la vie, démentent cette proposition, purement romanesque.. Alors

*pourquoi courent-elles, les femmes, aux spec-
tacles de sang, avec la même frénésie qu'à la
volupté?... Pourquoi, dans la rue, au thédtre, à
la cour d'assises, à la guillotine, les voyez-vous
tendre le col, ouvrir des yeux avides aux scènes
de torture, éprouver, jusqu'à l'évanouissement,
l'affreuse joie de la mort?... Pourquoi le seul
nom d'un grand meurtrier les fait-il frémir,
jusque dans le tréfonds de leur chair, d'une sorte
d'horreur délicieuse?...Toutes, ou presque toutes,
elles rêvèrent de Pranzini !... Pourquoi?...*

*— Allons donc !... s'exclama l'illustre écri-
vain... les prostituées...*

*— Mais non, répliqua l'homme à la figure
ravagée... les grandes dames et les bourgeoises...
C'est la même chose... Chez les femmes, il n'y
a pas de catégories morales, il n'y a que des catégories sociales. Ce sont des femmes... Dans le
peuple, dans la haute et petite bourgeoisie, et
jusque dans les couches plus élevées de la société,
les femmes se ruent à ces morgues hideuses, à
ces abjects musées du crime, que sont les feuil-
letons du Petit journal... Pourquoi?... C'est que
les grands assassins ont toujours été des amoureux terribles... Leur puissance génésique cor-
respond à leur puissance criminelle... Ils aiment
comme ils tuent !... Le meurtre naît de l'amour,
et l'amour atteint son maximum d'intensité
par le meurtre... C'est la même exaltation*

*physiologique... ce sont les mêmes gestes d'é-
touffement, les mêmes morsures... et ce sont
souvent les mêmes mots, dans des spasmes iden-
tiques...*

*Il parlait avec effort, avec un air de souffrir...
et, à mesure qu'il parlait, ses yeux devenaient
plus mornes, les plis de son visage s'accentuaient
davantage...*

*— La femme, verseuse d'idéal et de pitié !...
reprit-il... Mais les crimes les plus atroces sont
presque toujours l'œuvre de la femme... C'est elle
qui les imagine, les combine, les prépare, les
dirige... Si elle ne les exécute pas de sa main,
souvent trop débile, on y retrouve, à leur caractère de férocité, d'implacabilité, sa présence mo-
ale, sa pensée, son sexe... « Cherchez la
femme » ! dit le sage criminaliste...*

*— Vous la calomniez !... protesta l'illustre
écrivain, qui ne put dissimuler un geste d'indignation. Ce que vous nous donnez là pour des
généralités, ce sont de très rares exceptions...
Dégénérescence, névrose, neurasthénie... par-
bleu !... la femme n'est pas plus que l'homme,
réfractaire aux maladies psychiques... bien que,
chez elle, ces maladies prennent une forme
charmante et touchante, qui nous fait mieux
comprendre la délicatesse de son exquise sensibilité. Non, monsieur, vous êtes dans une erreur
lamentable, et, j'oserai dire, criminelle... Ce*

qu'il faut admirer dans la femme, c'est au contraire le grand sens, le grand amour qu'elle a
de la vie, et qui, comme je le disais tout à
l'heure, trouve son expression définitive dans la
pitié...

    — Littérature !... monsieur, littérature !... Et
la pire de toutes.

    — Pessimisme, monsieur !... blasphème !...
sottise !

    — Je crois que vous vous trompez tous les
deux, interjeta un médecin... Les femmes sont
bien plus raffinées et complexes que vous le
pensez... En incomparables virtuoses, en suprêmes
artistes de la douleur qu'elles sont, elles préfèrent le spectacle de la souffrance à celui de la
mort, les larmes au sang. Et c'est une chose ad-
mirablement amphibologique où chacun trouve
son compte, car chacun peut tirer des conclusions
très différentes, exalter la pitié de la femme ou
maudire sa cruauté, pour des raisons pareille-
ment irréfutables, et selon que nous sommes,
dans le moment, prédisposés à lui devoir de la
reconnaissance ou de la haine... Et puis, à quoi
bon toutes ces discussions stériles ?... Puisque,
dans la bataille éternelle des sexes, nous sommes
toujours les vaincus, que nous n'y pouvons rien...
et que tous, misogynes ou féministes, nous n'avons
pas encore trouvé, pour nous réjouir et nous
continuer, un plus parfait instrument de plaisir

et un autre moyen de reproduction que la femme?...

Mais l'homme à la figure ravagée, faisait des gestes de violente dénégation :

— Écoutez-moi, dit-il... Les hasards de la vie — et quelle vie fut la mienne! — m'ont mis en présence, non pas d'une femme... mais de la femme. Je l'ai vue, libre de tous les artifices, de toutes les hypocrisies dont la civilisation recouvre, comme d'une parure de mensonge, son âme véritable...Je l'ai vue livrée au seul caprice, ou, si vous aimez mieux, à la seule domination de ses instincts, dans un milieu où rien, il est vrai, ne pouvait les refréner, où tout, au contraire, se conjurait pour les exalter... Rien ne me la cachait, ni les lois, ni les morales, ni les préjugés religieux, ni les conventions sociales... C'est dans sa vérité, dans sa nudité originelle, parmi les jardins et les supplices, le sang et les fleurs, que je l'ai vue!... Quand elle m'est apparue, j'étais tombé au plus bas de l'abjection humaine — du moins je le pensais. Alors, devant ses yeux d'amour, devant sa bouche de pitié, j'ai crié d'espérance, et j'ai cru... oui, j'ai cru que par elle, je serais sauvé. Eh bien, ç'a été quelque chose d'atroce!... La femme m'a fait connaître des crimes que j'ignorais, des ténèbres où je n'étais pas encore descendu...Regardez mes yeux morts, ma bouche qui ne sait plus parler, mes

*mains qui tremblent... rien que de l'avoir vue !...
Mais je ne puis la maudire, pas plus que je ne
maudis le feu qui dévore villes et forêts, l'eau
qui fait sombrer les navires, le tigre qui emporte
dans sa gueule, au fond des jungles, les proies
sanglantes... La femme a en elle une force cos-
mique d'élément, une force invincible de destruction, comme la nature... Elle est à elle toute
seule toute la nature !... Étant la matrice de la
vie, elle est, par cela même, la matrice de la
mort... puisque c'est de la mort que la vie renaît
perpétuellement... et que supprimer la mort, ce
serait tuer la vie à sa source unique de fécon-
dité...*

*— Et qu'est-ce que cela prouve ?... fit le mé-
decin, en haussant les épaules.*

Il répondit simplement :

*— Cela ne prouve rien... Pour être de la dou-
leur ou de la joie, les choses ont-elles donc besoin
d'être prouvées ?... Elles ont besoin d'être sen-
ties...*

*Puis, avec timidité et — ô puissance de l'amour-
propre humain ! — avec une visible satisfaction
de soi-même, l'homme à la figure ravagée sortit
de sa poche un rouleau de papier qu'il déplia
soigneusement :*

*— J'ai écrit, dit-il, le récit de cette partie de
ma vie... Longtemps, j'ai hésité à le publier, et
j'hésite encore. Je voudrais vous le lire, à vous*

qui êtes des hommes et qui ne craignez pas de
pénétrer au plus noir des mystères humains...
Puïssiez-vous pourtant en supporter l'horreur
sanglante!... Cela s'appelle : Le Jardin des Supplices...

Notre hôte demanda de nouveaux cigares et
de nouvelles boissons...

LE

JARDIN DES SUPPLICES

PREMIÈRE PARTIE

EN MISSION

Avant de raconter un des plus effroyables épisodes de mon voyage en Extrême-Orient, il est peut-être intéressant que j'explique brièvement dans quelles conditions je fus amené à l'entreprendre. C'est de l'histoire contemporaine.

A ceux qui seraient tentés de s'étonner de l'anonymat que, en ce qui me concerne, j'ai tenu à garder jalousement au cours de ce véridique et douloureux récit, je dirai :

1

« Peu importe mon nom !... C'est le nom de quelqu'un qui causa beaucoup de mal aux autres et à lui-même, plus encore à lui-même qu'aux autres et qui, après bien des secousses, pour être descendu, un jour, jusqu'au fond du désir humain, essaie de se refaire une âme dans la solitude et dans l'obscurité. Paix aux cendres de son péché. »

Il y a douze ans, ne sachant plus que faire et condamné par une série de malechances à la dure nécessité de me pendre ou de m'aller jeter dans la Seine, je me présentai aux élections législatives, — suprême ressource — en un département où, d'ailleurs, je ne connaissais personne et n'avais jamais mis les pieds.

Il est vrai que ma candidature était officieusement soutenue par le cabinet qui, ne sachant non plus que faire de moi, trouvait ainsi un ingénieux et délicat moyen de se débarrasser, une fois pour toutes, de mes quotidiennes, de mes harcelantes sollicitations.

A cette occasion, j'eus avec le ministre, qui était mon ami et mon ancien camarade

de collège, une entrevue solennelle et fami-
lière, tout ensemble.

— Tu vois combien nous sommes gentils
pour toi !... me dit ce puissant, ce généreux
ami... A peine nous l'avons retiré des griffes
de la justice — et nous y avons eu du mal —
que nous allons faire de toi un député.

— Je ne suis pas encore nommé... dis-je
d'un ton grincheux.

— Sans doute !... mais tu as toutes les
chances... Intelligent, séduisant de ta personne, prodigue, bon garçon quand tu le
veux, tu possèdes le don souverain de plaire...
Les hommes à femmes, mon cher, sont toujours des hommes à foule... Je réponds de
toi... Il s'agit de bien comprendre la situation... Du reste elle est très simple...

Et il me recommanda :

— Surtout pas de politique !... Ne t'engage
pas... ne t'emballe pas !... Il y a dans la
circonscription que je t'ai choisie une question qui domine toutes les autres : la better-
rave... Le reste ne compte pas et regarde
le préfet... Tu es un candidat purement
agricole... mieux que cela, exclusivement
betteravier... Ne l'oublie point... Quoi qu'il
puisse arriver au cours de la lutte, main-

tiens-toi, inébranlable, sur cette plateforme
excellente... Connais-tu un peu la betterave ?...

— Ma foi ! non, répondis-je... Je sais seulement, comme tout le monde, qu'on en tire
du sucre... et de l'alcool.

— Bravo ! cela suffit, applaudit le ministre
avec une rassurante et cordiale autorité...
Marche carrément sur cette donnée... Promets des rendements fabuleux... des engrais
chimiques extraordinaires et gratuits... des
chemins de fer, des canaux, des routes pour
la circulation de cet intéressant et patrio-
tique légume... Annonce des dégrèvements
d'impôts, des primes aux cultivateurs, des
droits féroces sur les matières concurrentes...
tout ce que tu voudras !... Dans cet ordre de
choses, tu as carte blanche, et je t'aiderai...
Mais ne te laisse pas entraîner à des polé-
miques personnelles ou générales qui pourraient te devenir dangereuses et, avec ton
élection, compromettre le prestige de la
République... Car, entre nous, mon vieux,
— je ne te reproche rien, je constate, seulement — tu as un passé plutôt gênant...

Je n'étais pas en veine de rire... Vexé par
cette réflexion, qui me parut inutile et déso-

1.

bligeante, je répliquai vivement, en regardant bien en face mon ami, qui put lire dans mes yeux ce que j'y avais accumulé de menaces nettes et froides :

— Tu pourrais dire plus justement :
« nous avons un passé... » Il me semble, que le tien, cher camarade, n'a rien à envier au mien...

— Oh, moi !... fit le ministre avec un air de détachement supérieur et de confortable insouciance, ce n'est pas la même chose... Moi... mon petit... je suis couvert... par la France !

Et, revenant à mon élection, il ajouta :

— Donc, je me résume... De la betterave, encore de la betterave, toujours de la betterave !... Tel est ton programme... Veille à n'en pas sortir.

Puis il me remit discrètement quelques fonds et me souhaita bonne chance.

Ce programme, que m'avait tracé mon puissant ami, je le suivis fidèlement, et j'eus tort... Je ne fus pas élu. L'écrasante majorité qui échut à mon adversaire, je l'attribue, en dehors de certaines manœuvres déloyales, à ceci que ce diable d'homme était encore plus ignorant que moi et d'une canaillerie plus notoire.

Constatons en passant qu'une canaillerie bien étalée, à l'époque où nous sommes, tient lieu de toutes les qualités et que plus un homme est infâme, plus on est disposé à lui reconnaître de force intellectuelle et de valeur morale.

Mon adversaire, qui est aujourd'hui une des illustrations les moins discutables de la politique, avait volé en maintes circonstances de sa vie. Et sa supériorité lui venait de ce que, loin de s'en cacher, il s'en vantait avec le plus révoltant cynisme.

— J'ai volé... j'ai volé... clamait-il par les rues des villages, sur les places publiques des villes, le long des routes, dans les champs...

— J'ai volé... j'ai volé... publiait-il en ses professions de foi, affiches murales et confidentielles circulaires...

Et, dans les cabarets, juchés sur des tonneaux, ses agents, tout barbouillés de vin et congestionnés d'alcool, répétaient, trompettaient ces mots magiques :

— Il a volé... il a volé...

Emerveillées, les laborieuses populations

des villes, non moins que les vaillantes populations des campagnes acclamaient cet
homme hardi avec une frénésie qui, chaque
jour, allait grandissant, en raison directe de
la frénésie de ses aveux.

Comment pouvais-je lutter contre un tel
rival, possédant de tels états de service, moi
qui n'avais encore sur la conscience, et les
dissimulais pudiquement, que de menues
peccadilles de jeunesse, tels que, vols domestiques, rançons de maîtresses, tricheries au
jeu, chantages, lettres anonymes, délations
et faux?... O candeur des ignorantes juvéni-
lités!

Je faillis même, un soir, dans une réunion
publique, être assommé par des électeurs
furieux de ce que, en présence des scanda-
leuses déclarations de mon adversaire, j'eusse
revendiqué, avec la suprématie des bette-
raves, le droit à la vertu, à la morale, à la
probité, et proclamé la nécessité de nettoyer
la République des ordures individuelles qui
la déshonoraient. On se rua sur moi; on me
prit à la gorge; on se passa, de poings en
poings, ma personne soulevée et ballottante
comme un paquet... Par bonheur, je me tirai
de cet accès d'éloquence avec, seulement, une

fluxion à la joue, trois côtes meurtries et six dents cassées...

C'est tout ce que je rapportai de cette désastreuse aventure, où m'avait si maler.- contreusement conduit la protection d'un ministre qui se disait mon ami.

J'étais outré.

J'avais d'autant plus le droit d'être outré que, tout d'un coup, au plus fort de la bataille, le gouvernement m'abandonnait, me laissait sans soutien, avec ma seule betterave comme amulette, pour s'entendre et pour traiter avec mon adversaire.

Le préfet, d'abord très humble, n'avait pas tardé à devenir très insolent; puis il me refusait les renseignements utiles à mon élection; enfin, il me fermait, ou à peu près, sa porte. Le ministre lui-même ne répondait plus à mes lettres, ne m'accordait rien de ce que je lui demandais, et les journaux dévoués dirigeaient contre moi de sourdes attaques, de pénibles allusions, sous des proses polies et fleuries. On n'allait pas jusqu'à me combattre officiellement, mais il était clair, pour tout le monde, qu'on me lâchait... Ah ! je crois bien que jamais tant de fiel n'entra dans l'âme d'un homme !

De retour à Paris, fermement résolu à faire un éclat, au risque de tout perdre, j'exigeai des explications du ministre que mon attitude rendit aussitôt accommodant et souple...

— Mon cher, me dit-il, je suis au regret de ce qui t'arrive... Parole !... tu m'en vois tout ce qu'il y a de plus désolé. Mais que pouvais-je ?... Je ne suis pas le seul, dans le cabinet... et...

— Je ne connais que toi ! interrompis-je violemment, en faisant sauter une pile de dossiers qui se trouvait, sur son bureau, à portée de ma main... Les autres ne me regardent pas... Les autres, çà n'est pas mon affaire... Il n'y a que toi... Tu m'as trahi ; c'est ignoble !...

— Mais, sapristi !... Ecoute-moi un peu, voyons ! supplia le ministre. Et ne t'emporte pas, comme ça, avant de savoir...

— Je ne sais qu'une chose, et elle me suffit. Tu t'es payé ma tête... Eh bien, non, non ! Ça ne se passera pas comme tu le crois... A mon tour, maintenant.

Je marchais dans le bureau, proférant des menaces, distribuant des bourrades aux chaises...

— Ah ! ah ! tu t'es payé ma tête !... Nous

allons donc rire un peu... Le pays saura
donc, enfin, ce que c'est qu'un ministre...
Au risque de l'empoisonner, le pays, je vais
donc lui montrer, lui ouvrir toute grande
l'âme d'un ministre... Imbécile!... Tu n'as
donc pas compris que je te tiens, toi, ta
fortune, tes secrets, ton portefeuille!...
Ah! mon passé te gêne?... Il gêne ta pudeur et la pudeur de Marianne?... Eh bien,
attends!... Demain, oui, demain, on saura
tout...

Je suffoquais de colère. Le ministre essaya
de me calmer, me prit par le bras, m'attira
doucement vers le fauteuil que je venais de
quitter en bourrasque...

— Mais, tais-toi donc! me dit-il, en donnant à sa voix des intonations supplica-
trices... Ecoute-moi, je t'en prie!... Assieds-
toi, voyons!... Diable d'homme qui ne veut
rien entendre! Tiens, voici ce qui s'est
passé...

Très vite, en phrases courtes, hachées,
tremblantes, il débita :

— Nous ne connaissions pas ton concurrent... Il s'est révélé, dans la lutte, comme
un homme très fort... comme un véritable
homme d'Etat!... Tu sais combien est res-

treint le personnel ministrable... Bien que
ce soient toujours les mêmes qui reviennent,
nous avons besoin, de temps en temps, de
montrer une figure nouvelle à la Chambre et
au pays... Or, il n'y en a pas... En connais-
tu, toi?... Eh bien, nous avons pensé que ton
concurrent pouvait être une de ces figures-
là... Il a toutes les qualités qui conviennent
à un ministre provisoire, à un ministre de
crise... Enfin, comme il était achetable et
livrable, séance tenante, comprends-tu?...
C'est fâcheux pour toi, je l'avoue... Mais les
intérêts du pays, d'abord...

— Ne dis donc pas de blagues... Nous ne
sommes pas à la Chambre, ici... Il ne s'agit
pas des intérêts du pays, dont tu te moques,
et moi aussi... Il s'agit de moi... Or, je suis,
grâce à toi, sur le pavé. Hier soir, le caissier
de mon tripot m'a refusé cent sous, insolemment... Mes créanciers, qui avaient compté
sur un succès, furieux de mon échec, me
pourchassent comme un lièvre... On va me
vendre... Aujourd'hui, je n'ai même pas de
quoi dîner... Et tu t'imagines bonnement
que cela peut se passer ainsi?... Tu es donc
revenu bête... aussi bête qu'un membre de
la majorité?...

Le ministre souriait. Il me tapota les genoux, familièrement, et me dit :

— Je suis tout disposé — mais tu ne me laisses pas parler — je suis tout disposé à t'accorder une compensation...

— Une ré-pa-ra-tion !

— Une réparation, soit !

— Complète ?

— Complète !... Reviens dans quelques jours... Je serai, sans doute, à même de te l'offrir. En attendant, voici cent louis... C'est tout ce qui me reste des fonds-secrets...

Il ajouta, gentiment, avec une gaieté cordiale :

— Une demi-douzaine de gaillards comme toi... et il n'y a plus de budget !...

Cette libéralité, que je n'espérais pas si importante, eut le pouvoir de calmer instantanément mes nerfs... J'empochai — en grognant encore, toutefois, car je ne voulais pas me montrer désarmé, ni satisfait — les deux billets que me tendait, en souriant, mon ami... et je me retirai dignement...

Les trois jours qui suivirent, je les passai dans les plus basses débauches...

II

Qu'on me permette encore un retour en
arrière. Peut-être n'est-il pas indifférent que
je dise qui je suis et d'où je viens... L'ironie
de ma destinée en sera mieux expliquée
ainsi.

Je suis né en province d'une famille de la
petite bourgeoisie, de cette brave petite
bourgeoisie, économe et vertueuse, dont on
nous apprend, dans les discours officiels,
qu'elle est la vraie France... Eh bien ! je
n'en suis pas plus fier pour cela.

Mon père était marchand de grains. C'était
un homme très rude, mal dégrossi et qui
s'entendait aux affaires, merveilleusement. Il
avait la réputation d'y être fort habile, et sa
grande habileté consistait à « mettre les gens

dedans », comme il disait. Tromper sur la
qualité de la marchandise et sur le poids,
faire payer deux francs ce qui lui coûtait
deux sous, et, quand il pouvait, sans trop
d'esclandre, le faire payer deux fois, tels
étaient ses principes. Il ne livrait jamais, par
exemple, de l'avoine, qu'il ne l'eût, au pré-
lable, trempée d'eau. De la sorte, les grains
gonflés rendaient le double au litre et au kilo,
surtout quand ils étaient additionnés de
menu gravier, opération que mon père pra-
tiquait toujours en conscience. Il savait aussi
répartir judicieusement, dans les sacs, les
graines de nielle et autres semences véné-
neuses, rejetées par les vannages, et personne, mieux que lui, ne dissimulait les fa-
rines fermentées, parmi les fraîches. Car il
ne faut rien perdre dans le commerce, et
tout y fait poids. Ma mère, plus âpre encore
aux mauvais gains, l'aidait de ses ingéniosi-
tés déprédatrices et, raide, méfiante, tenait
la caisse, comme on monte la garde devant
l'ennemi.

Républicain strict, patriote fougueux — il
fournissait le régiment — moraliste intolé-
rant, honnête homme enfin, au sens populaire de ce mot, mon père se montrait sans

pitié, sans excuses, pour l'improbité des
autres, principalement quand elle lui portait
préjudice. Alors, il ne tarissait pas sur la
nécessité de l'honneur et de la vertu. Une
de ses grandes idées était que, dans une dé-
mocratie bien comprise, on devait les rendre
obligatoires, comme l'instruction, l'impôt,
le tirage au sort. Un jour, il s'aperçut qu'un
charretier, depuis quinze ans à son service,
le volait. Immédiatement, il le fit arrêter. A
l'audience, le charretier se défendit comme
il put.

— Mais il n'était jamais question chez
monsieur que de mettre les gens « dedans ».
Quand il avait joué « un drôle de tour » à un
client, monsieur s'en vantait comme d'une
bonne action. « Le tout est de tirer de l'argent, disait-il, n'importe d'où et comment on
le tire. Vendre une vieille lapine pour une
belle vache, voilà tout le secret du commerce »... Eh bien, j'ai fait comme monsieur
avec ses clients... Je l'ai mis dedans...

Ce cynisme fut fort mal accueilli des juges.
Ils condamnèrent le charretier à deux ans
de prison, non seulement pour avoir dérobé
quelques kilogrammes de blé, mais surtout
parce qu'il avait calomnié une des plus

vieilles maisons de commerce de la région...
une maison fondée en 1794, et dont l'antique,
ferme et proverbiale honorabilité embellis-
sait la ville de père en fils.

Le soir de ce jugement fameux, je me souviens que mon père avait réuni à sa table
quelques amis, commerçants comme lui et,
comme lui, pénétrés de ce principe inaugu-
ral que « mettre les gens dedans », c'est l'âme
même du commerce. Si l'on s'indigna de
l'attitude provocatrice du charretier, vous
devez le penser. On ne parla que de cela, jusqu'à minuit. Et parmi les clameurs, les apho-
rismes, les discussions et les petits verres
d'eau-de-vie de marc, dont s'illustra cette
soirée mémorable, j'ai retenu ce précepte,
qui fut pour ainsi dire la moralité de cette
aventure, en même temps que la synthèse de
mon éducation :

— Prendre quelque chose à quelqu'un, et
le garder pour soi, ça c'est du vol... Prendre
quelque chose à quelqu'un et le repasser à
un autre, en échange d'autant d'argent que
l'on peut, ça, c'est du commerce... Le vol
est d'autant plus bête qu'il se contente d'un
seul bénéfice, souvent dangereux, alors que
le commerce en comporte deux, sans aléa...

2.

C'est dans cette atmosphère morale que je
grandis et me développai, en quelque sorte
tout seul, sans autre guide que l'exemple
quotidien de mes parents. Dans le petit commerce, les enfants restent, en général, livrés
à eux-mêmes. On n'a pas le temps de s'occu-
per de leur éducation. Ils s'élèvent, comme
ils peuvent, au gré de leur nature et selon
les influences pernicieuses de ce milieu, généralement rabaissant et borné. Spontané-
ment, et sans qu'on m'y forçât, j'apportai ma
part d'imitation ou d'imagination dans les
tripotages familiaux. Dès l'âge de dix ans, je
n'eus d'autres conceptions de la vie que le
vol, et je fus — oh! bien ingénument, je
vous assure — convaincu que « mettre les
gens dedans », cela formait l'unique base de
toutes les relations sociales.

Le collège décida de la direction bizarre et
tortueuse que je devais donner à mon existence, car c'est là que je connus celui qui,
plus tard, devait devenir mon ami, le célèbre
ministre, Eugène Mortain.

Fils de marchand de vins, dressé à la politique, comme moi au commerce, par son
père qui était le principal agent électoral

de la région, le vice-président des comités gambettistes, le fondateur de ligues diverses, groupements de résistance et syndicats professionnels, Eugène recélait, en lui, dès l'enfance, une âme de « véritable homme d'Etat »

Quoique boursier, il s'était, tout de suite, imposé à nous, par une évidente supériorité dans l'effronterie et l'indélicatesse, et aussi par une manière de phraséologie, solennelle et vide, qui violentait nos enthousiasmes. En outre, il tenait de son père la manie profitable et conquérante de l'organisation. En quelques semaines, il eut vite fait de transformer la cour du collège en toutes sortes d'associations et de sous-associations, de comités et de sous-comités, dont il s'élisait, à la fois, le président, le secrétaire et le trésorier. Il y avait l'association des joueurs de ballon, de toupie, de saute-mouton et de marche, le comité de la barre-fixe, la ligue du trapèze, le syndicat de la course à pieds-joints, etc... Chacun des membres de ces diverses associations était tenu de verser à la caisse centrale, c'est-à-dire dans les poches de notre camarade, une cotisation mensuelle de cinq sous, laquelle, entre autres avantages, impliquait un abonnement au journal trimestriel que rédigeait Eugène Mortain pour la propagande des idées et la défense des intérêts de ces nombreux groupements « autonomes et solidaires », proclamait-il.

De mauvais instincts, qui nous étaient communs, et des appétits pareils nous rapprochèrent aussitôt, lui et moi, et firent de notre étroite entente une exploitation âpre et continue de nos camarades, fiers d'être syndiqués... Je me rendis bien vite compte que je n'étais pas le plus fort dans cette complicité; mais, en raison même de cette constatation, je ne m'en cramponnai que plus solidement à la fortune de cet ambitieux compagnon. A défaut d'un partage égal, j'étais toujours assuré de ramasser quelques miettes... Elles me suffisaient alors. Hélas! je n'ai jamais eu que les miettes des gâteaux que dévora mon ami.

Je retrouvai Eugène plus tard, dans une circonstance difficile et douloureuse de ma vie. A force de mettre « les gens dedans », mon père finit par y être mis lui-même, et non point au figuré, comme il l'entendait de ses clients. Une fourniture malheureuse et qui, paraît-il, empoisonna toute une caserne, fut l'occasion de cette déplorable aventure, que couronna la ruine totale de notre maison, fondée en 1794. Mon père eût peut-être survécu à son déshonneur, car il connaissait les indulgences infinies de son époque; il ne put survivre à la ruine. Une attaque d'apoplexie l'emporta un beau soir. Il mourut, nous laissant, ma mère et moi, sans ressources.

Ne pouvant plus compter sur lui, je fus bien obligé de me débrouiller moi-même et, m'arrachant aux lamentations maternelles je courus à Paris, où Eugène Mortain m'accueillit le mieux du monde.

Celui-ci s'élevait peu à peu. Grâce à des protections parlementaires habilement exploitées, à la souplesse de sa nature, à son manque absolu de scrupules, il commençait à faire parler de lui avec faveur dans la presse, la politique et la finance. Tout de suite, il m'employa à de sales besognes, et je ne tardai pas, moi aussi, en vivant constamment à son ombre, à gagner un peu de sa notoriété dont je ne sus pas profiter, comme j'aurais dû le faire. Mais la persévérance dans le mal est ce qui m'a le plus manqué. Non que j'éprouve de tardifs scrupules de conscience, des remords, des désirs

passagers d'honnêteté; c'est en moi, une
fantaisie diabolique, une talonnante et inex-
plicable perversité qui me forcent, tout d'un
coup, sans raison apparente, à délaisser les
affaires les mieux conduites, à desserrer mes
doigts de dessus les gorges les plus âprement étreintes. Avec des qualités pratiques
de premier ordre, un sens très aigu de la
vie, une audace à concevoir même l'impossible, une promptitude exceptionnelle même
à le réaliser, je n'ai pas la ténacité nécessaire
à l'homme d'action. Peut-être, sous le gredin que je suis, y a-t-il un poète dévoyé?...
Peut-être un mystificateur qui s'amuse à se
mystifier soi-même?

Pourtant, en prévision de l'avenir, et
sentant qu'il arriverait fatalement un jour
où mon ami Eugène voudrait se débarrasser de moi, qui lui représenterais sans
cesse un passé gênant, j'eus l'adresse de le
compromettre dans des histoires fâcheuses,
et la prévoyance d'en garder, par devers
moi, les preuves indéniables. Sous peine
d'une chute, Eugène devait me traîner,
perpétuellement, à sa suite, comme un
boulet.

En attendant les honneurs suprêmes où
le poussa le flux bourbeux de la politique,
voici, entre autres choses honorables, quels
étaient la qualité de ses intrigues et le choix
de ses préoccupations.

Eugène avait officiellement une maîtresse.
Elle s'appelait alors la comtesse Borska. Pas
très jeune, mais encore jolie et désirable,
tantôt Polonaise, tantôt Russe, et souvent
Autrichienne, elle passait, naturellement,
pour une espionne allemande. Aussi son
salon était-il fréquenté de nos plus illustres
hommes d'Etat. On y faisait beaucoup de
politique, et l'on y commençait, avec beaucoup de flirts, beaucoup d'affaires considérables et louches. Parmi les hôtes les plus
assidus de ce salon se remarquait un finan-
cier levantin, le baron K..., personnage
silencieux, à la figure d'argent blafard, aux
yeux morts, et qui révolutionnait la Bourse
par ses opérations formidables. On savait,
du moins on se disait que, derrière ce
masque impénétrable et muet, agissait un
des plus puissants empires de l'Europe.
Pure supposition romanesque, sans doute,
car, dans ces milieux corrompus, on ne sait
jamais ce qu'il faut le plus admirer de leur

corruption ou de leur « jobardise ». **Quoi
qu'il en soit, la comtesse Borska et mon
ami Eugène Mortain** souhaitaient vivement de
se mettre dans le jeu du mystérieux baron,
d'autant plus vivement que celui-ci opposait
à des avances discrètes, mais précises, une
non moins discrète et précise froideur. Je
crois même que cette froideur avait été jusqu'à la malice d'un conseil, de quoi il était
résulté, pour nos amis, une liquidation désastreuse. Alors, ils imaginèrent de lancer
sur le banquier récalcitrant une très jolie
jeune femme, amie intime de la maison et
de me lancer, en même temps, sur cette
très jolie jeune femme qui, travaillée par
eux, était toute disposée à nous accueillir
favorablement, le banquier, pour le sérieux,
et moi, pour l'agrément. Leur calcul était
simple et je l'avais compris du premier
coup : m'introduire dans la place, et, là,
moi par la femme, eux par moi, devenir les
maîtres des secrets du baron, échappés aux
moments de tendre oubli !.,. C'était ce qu'on
pouvait appeler de la politique de concen-
tration.

Hélas ! le démon de la perversité, qui vient
me visiter à la minute décisive où je dois

agir, voulut qu'il en fût autrement et que ce
beau projet avortât sans élégance. Au dîner
qui devait sceller cette bien parisienne
union, je me montrai, envers la jeune femme, d'une telle goujaterie que, tout en larmes, honteuse et furieuse, elle quitta scan-
daleusement le salon et rentra chez elle,
veuve de nos deux amours.

· La petite fête fut fort abrégée... Eugène
me ramena en voiture. Nous descendîmes les
Champs-Élysées dans un silence tragique.

— Où veux-tu que je te dépose? me dit.le
grand homme, comme nous tournions l'an-
gle de la rue Royale.

— Au tripot,... sur le boulevard... répondis-je, avec un ricanement... J'ai hâte
de respirer un peu d'air pur, dans une société de braves gens...

Et, tout à coup, d'un geste découragé,
mon ami me tapota les genoux et — oh! je
reverrai toute ma vie l'expression sinistre
de sa bouche, et son regard de haine — il
soupira :

— Allons!... Allons!... On ne fera jamais
rien de toi !...

Il avait raison... Et, cette fois-là, je ne pus
pas l'accuser que ce fût de sa faute...

Eugène Mortain appartenait à cette école
de politiciens que, sous le nom fameux d'op-
portunistes, Gambetta lança comme une
bande de carnassiers affamés sur la France.
Il n'ambitionnait le pouvoir que pour les
jouissances matérielles qu'il procure et l'argent que des habiles comme lui savent
puiser aux sources de boue. Je ne sais pas
pourquoi, d'ailleurs, je fais au seul Gambetta l'historique honneur d'avoir combiné
et déchaîné cette morne curée qui dure
encore, en dépit de tous les Panamas.
Certes, Gambetta aimait la corruption ; il y
avait, dans ce démocrate tonitruant, un voluptueux ou plutôt un dilettante de la volupté, qui se délectait à l'odeur de la pourriture humaine ; mais il faut le dire, à sa
décharge et à leur gloire, les amis dont il
s'entourait et que le hasard, plus encore
qu'une sélection raisonnée attacha à sa
courte fortune, étaient bien de force à
s'élancer eux-mêmes et d'eux-mêmes sur
la Proie éternelle où, déjà, tant et tant
de mâchoires avaient croché leurs dents
furieuses.

Avant d'arriver à la Chambre, Eugène Mortain avait passé par tous les métiers — même

les plus bas, — par les dessous — même les
plus ténébreux — du journalisme. On ne
choisit pas toujours ses débuts, on les prend
où ils se trouvent... Ardente et prompte —
et pourtant réfléchie — fut son initiation à
la vie parisienne, j'entends cette vie qui va
des bureaux de rédaction au Parlement, en
passant par la préfecture de police. Dévoré
de besoins immédiats et d'appétits ruineux,
il ne se faisait pas alors un chantage important ou une malpropre affaire que notre
brave Eugène n'en fût, en quelque sorte,
l'âme mystérieuse et violente. Il avait eu ce
coup de génie de syndiquer une grande
partie de la presse, pour mener à bien ces
vastes opérations. Je connais de lui, en ce
genre décrié, des combinaisons qui sont de
purs chefs-d'œuvre et qui révèlent, dans e
petit provincial, vite dégrossi, un psycho
logue étonnant et un organisateur admirable des mauvais instincts du déclassé.
Mais il avait la modestie de ne se point
vanter de la beauté de ses coups, et l'art
précieux, en se servant des autres, de ne
jamais donner de sa personne aux heures
du danger. Avec une constante habileté et
une science parfaite de son terrain de ma-

nœuvres, il sut toujours éviter, en les tournant, les flaques fétides et bourbeuses de
la police correctionnelle où tant d'autres
s'enlisèrent si maladroitement Il est vrai
que mon aide — soit dit sans fatuité — ne
lui fut pas inutile en bien des circonstances.

C'était, du reste, un charmant garçon,
oui, en vérité, un charmant garçon. On ne
pouvait lui reprocher que des gaucheries
dans le maintien, persistants vestiges de son
éducation de province, et des détails vulgaires dans sa trop récente élégance qui
s'affichait mal à propos. Mais tout cela n'était
qu'une apparence dissimulant mieux, aux
observateurs insuffisants, tout ce que son
esprit avait de ressources subtiles, de flair
pénétrant, de souplesse retorse, tout ce que
son âme contenait de ténacité âpre et terrible. Pour surprendre son âme, il eût fallu
voir — comme je les vis, hélas, combien de
fois? — les deux plis qui, à de certaines
minutes, en se débandant, laissaient tomber
les deux coins de ses lèvres et donnaient à sa
bouche une expression épouvantable... Ah !
oui, c'était un charmant garçon !

Par des duels appropriés, il fit taire la
malveillance qui va chuchotant autour des

personnalités nouvelles, et sa naturell
gatté, son cynisme bon enfant qu'on trai
tait volontiers d'aimable paradoxe, non
moins que ses amours lucratives et reten-
tissantes achevèrent de lui conquérir une
réputation discutable, mais suffisante à un
futur homme de gouvernement qui en verra
bien d'autres. Il avait aussi cette faculté
merveilleuse de pouvoir, cinq heures durant, et sur n'importe quel sujet, parler sans
jamais exprimer une idée. Son intaris-
sable éloquence déversait, sans un arrêt,
sans une fatigue, la lente, la monotone, la
suicidante pluie du vocabulaire politique,
aussi bien sur les questions de marine que
sur les réformes scolaires, sur les finances
que sur les beaux-arts, sur l'agriculture que
sur la religion. Les journalistes parlementaires reconnaissaient en lui leur incompé-
tence universelle et miraient leur jargon
écrit dans son charabia parlé. Serviable,
quand cela ne lui coûtait rien, généreux,
prodigue même, quand cela devait lui rap-
porter beaucoup, arrogant et servile, selon
les événements et les hommes, sceptique
sans élégance, corrompu sans raffinement,
enthousiaste sans spontanéité, spirituel sans

3.

imprévu, il était sympathique à tout le
monde. Aussi son élévation rapide ne sur-
prit, n'indigna personne. Elle fut, au, contraire, accueillie avec faveur des différents
partis politiques, car Eugène ne passait pas
pour un sectaire farouche, ne décourageait
aucune espérance, aucune ambition, et l'on
n'ignorait pas que, l'occasion venue, il était
possible de s'entendre avec lui. Le tout était
d'y mettre le prix.

Tel était l'homme, tel « le charmant garçon », en qui reposaient mes derniers espoirs,
et qui tenait réellement ma vie et ma mort
entre ses mains.

On remarquera que, dans ce croquis à
peine esquissé de mon ami, je me suis mo-
destement effacé, quoique j'aie collaboré
puissamment et par des moyens souvent
curieux, à sa fortune. J'aurais bien des histoires à raconter qui ne sont pas, on peut le
croire, des plus édifiantes. A quoi bon une
confession complète, puisque toutes mes tur-
pitudes, on les devine sans que j'aie à les
étaler davantage? Et puis, mon rôle, auprès
de ce hardi et prudent coquin, fut toujour
— je ne dis pas insignifiant, oh non!... n

méritoire, vous me ririez au nez — mais il
demeura à peu près secret. Qu'on me permette de garder cette ombre, à peine discrète, dont il m'a plu envelopper ces années
de luttes sinistres et de ténébreuses machi-
nations.... Eugène ne « m'avouait » pas...
Et, moi-même, par un reste de pudeur assez
bizarre, j'éprouvais parfois une invincible
répugnance à cette idée que je pouvais passer
pour « son homme de paille ».

D'ailleurs, il m'arriva souvent, des mois
entiers, de le perdre de vue, de le « lâ-
cher », comme on dit, trouvant dans les tri-
pots, à la Bourse, dans les cabinets de toilette des filles galantes, des ressources que
j'étais las de demander à la politique, et
dont la recherche convenait mieux à mes
goûts pour la paresse et pour l'imprévu...
Quelquefois, pris de soudaines poésies,
j'allais me cacher, en un coin perdu de la
campagne, et, en face de la nature, j'aspi-
rais à des puretés, à des silences, à des
reconquêtes morales qui, hélas! ne duraient
guère... Et je revenais à Eugène, aux heures
des crises difficiles. Il ne m'accueillait pas
toujours avec la cordialité que j'exigeais de
lui. Il était visible qu'il eût bien voulu se

débarrasser de moi. Mais, d'un **coup de**
caveçon sec et dur, je le rappelais à la vérité de notre mutuelle situation.

Un jour, je vis distinctement luire dans
ses yeux une flamme de meurtre. Je ne
m'inquiétai pas et, d'un geste lourd, lui
mettant la main à l'épaule, comme un gendarme fait d'un voleur, je lui dis narquoise-
ment :

— Et puis après?... A quoi cela t'avance-
rait-il ?... Mon cadavre lui-même t'accu-
sera... Ne sois donc pas bête !... Je t'ai laissé
arriver où tu as voulu... Jamais je ne t'ai
contrecarré dans tes ambitions... Au contraire... j'ai travaillé pour toi... comme j'ai
pu... loyalement... est-ce vrai? Crois-tu
donc que ce soit gai pour moi de nous
voir, toi, en haut, à te pavaner dans la lumière, moi, en bas, à patauger stupidement,
dans la crotte ?... Et, pourtant, d'une chiquenaude, cette merveilleuse fortune, si
laborieusement édifiée par nous deux...

— Oh ! par nous deux... siffla Eugène...

— Oui, par nous deux, canaille !... ré-
pétai-je, exaspéré de cette rectification inop-
portune... Oui, d'une chiquenaude... d'un
souffle... tu le sais, je puis la jeter bas, cett

merveilleuse fortune... Je n'ai qu'un mot à
dire, gredin, pour te précipiter du pouvoir
au bagne... faire du ministre que tu es —
ah, si ironiquement! — le galérien que tu
devrais être, s'il y avait encore une justice,
et si je n'étais pas le dernier des lâches...
Eh bien!... ce geste, je ne le fais pas, ce
mot, je ne le prononce pas.... Je te laisse
recevoir l'admiration des hommes et l'estime des cours étrangères... parce que...
vois-tu... je trouve ça prodigieusement comique... Seulement, je veux ma part... tu
entends!... ma part... Et qu'est-ce que je
te demande?... Mais c'est idiot ce que je te
demande... Rien... des miettes... alors que
je pourrais tout exiger, tout... tout...
tout...! Je t'en prie, ne m'irrite pas davantage... ne me pousse pas à bout plus longtemps... ne m'oblige pas à faire des drames
burlesques... Car le jour où j'en aurai assez
de la vie, assez de la boue, de cette boue —
ta boue... dont je sens toujours sur moi
l'intolérable odeur... eh bien, ce jour-là,
son Excellence Eugène Mortain ne rira pas,
mon vieux... Ça, je te le jure!

Alors, Eugène, avec un sourire gêné,
tandis que les plis de ses lèvres retom-

bantes donnaient à toute sa physionomie une double expression de peur ignoble et de crime impuissant, me dit :

— Mais tu es fou de me raconter tout cela... Et à propos de quoi ?... T'ai-je refusé quelque chose, espèce de soupe au lait ?...

Et, gaiement, multipliant des gestes et des grimaces qui m'étourdissaient, il ajouta comiquement :

— Veux-tu la croix, ah ?

Oui, vraiment, c'était un charmant garçon.

III

Quelques jours après la scène de violence
qui suivit mon si lamentable échec, je ren-
contrai Eugène dans une maison amie, chez
celle bonne Mme G... où nous avions été priés
à dîner tous les deux. Notre poignée de
mains fut cordiale. On eût dit que rien de
fâcheux ne s'était passé entre nous.

— On ne te voit plus, me reprocha-t-il sur
ce ton d'indifférente amitié qui, chez lui, n'é-
tait que la politesse de la haine... Etais-tu
donc malade?

— Mais non... en voyage vers l'oubli, simplement.

— A propos... es-tu plus sage?... Je voudrais bien causer avec toi, cinq minutes...
Après le dîner, n'est-ce pas?

— Tu as donc du nouveau? demandai-je,

avec un sourire fielleux, par lequel il put
voir que je ne me laisserais pas « expédier »,
comme une affaire sans importance.

— Moi? fit-il... Non... rien... un projet
en l'air... Enfin, il faut voir...

J'avais sur les lèvres une impertinence
toute prête, lorsque Mme G..., énorme paquet
de fleurs roulantes, de plumes dansantes, de
dentelles déferlantes, vint interrompre ce
commencement de conversation. Et, soupi-
rant : « Ah! mon cher ministre, quand donc
nous débarrasserez-vous de ces affreux so-
cialistes? », elle entraîna Eugène vers un
groupe de jeunes femmes qui, à la manière
dont elles étaient rangées dans un coin du
salon, me firent l'effet d'être là, en location,
comme, au café-concert, ces nocturnes créatures qui meublent de leur décolletage
excessif et de leurs toilettes d'emprunt
l'apparat en trompe l'œil des décors.

Mme G... avait la réputation de jouer un
rôle important dans la Société et dans l'État.
Parmi les innombrables comédies de la vie
parisienne, l'influence qu'on lui attribuait
n'était pas une des moins comiques. Les
petits historiographes des menus faits de ce
temps racontaient sérieusement, en établis-

sant de brillants parallèles dans le passé,
que son salon était le point de départ et la
consécration des fortunes politiques et des
renommées littéraires, par conséquent le
rendez-vous de toutes les jeunes ambitions
et aussi de toutes les vieilles. A les en croire,
c'est là que se fabriquait l'histoire contemporaine, que se tramait la chute ou l'avène-
ment des cabinets, que se négociaient parmi
de géniales intrigues et de délicieuses cau-
series — car c'était un salon où l'on cause —
aussi bien les alliances extérieures que les
élections académiques. M. Sadi Carnot, lui-
même — qui régnait alors sur les cœurs
français — était tenu, disait-on, à d'habiles
ménagements envers cette puissance redou-
table, et pour en conserver les bonnes grâces
il lui envoyait galamment, à défaut d'un sourire, les plus belles fleurs des jardins de
l'Elysée et des serres de la Ville... D'avoir
connu, au temps de sa ou de leur jeunesse —
Mme G... n'était pas très fixée sur ce point de
chronologie — M. Thiers et M. Guizot, Ca-
vour et le vieux Metternich, cette antique
personne gardait un prestige, dont la République aimait à se parer, comme d'une tra-
ditionnelle élégance, et son salon bénéficiait

4

de l'éclat posthume que ces noms illustres,
à tout propos invoqués, rappelaient aux
*r*éalités diminuées du présent.

On y entrait, d'ailleurs, dans ce salon
choisi, comme à la foire, et jamais je n'ai vu,
— moi qui en ai tant vu — plus étrange
mêlée sociale et plus ridicule mascarade
mondaine. Déclassés de la politique, du journalisme, du cosmopolitisme, des cercles, du
monde, des théâtres, et les femmes à l'ave-
nant, elle accueillait tout, et tout y faisait
nombre. Personne n'était dupe de cette mystification, mais chacun se trouvait intéressé,
afin de s'exalter soi-même, d'exalter un milieu notoirement ignominieux, où beaucoup
d'entre nous tiraient non seulement, des ressources peu avouables, mais encore leur
unique raison d'être dans la vie. Du reste,
j'ai idée que la plupart des salons si célèbres
d'autrefois, où venaient communier, sous les
espèces les plus diverses, les appétits errants
de la politique et les vanités sans emploi
de la littérature, devaient assez fidèlement
ressembler à celui-là... Et il ne m'est pas
prouvé non plus, que celui-là se différenciât
essentiellement des autres dont on nous
vante à tout propos, en lyriques enthousias-

mes, l'exquise tenue morale et l'élégante
difficulté d'accès.

La vérité est que M™* G..., débarrassée du
grossissement des réclames et de la poésie
des légendes, réduite au strict caractère de
son individualité mondaine, n'était qu'une
très vieille dame, d'esprit vulgaire, d'éducation négligée, extrêmement vicieuse, par
surcroît, et qui, ne pouvant plus cultiver la
fleur du vice en son propre jardin, la culti-
vait en celui des autres, avec une impudeur
tranquille, dont on ne savait pas ce qu'il
convenait le mieux d'admirer, ou l'effronterie
ou l'inconscience. Elle remplaçait l'amour
professionnel, auquel elle avait dû renoncer,
par la manie de faire des unions et des dé-
sunions extra-conjugales, dont c'était sa
joie, son péché, de les suivre, de les diriger,
de les protéger, de les couver et de réchauffer
ainsi son vieux cœur ratatiné, au frôlement
de leurs ardeurs défendues. On était toujours
sûr de trouver, chez cette grande politique,
avec la bénédiction de M. Thiers et de
M. Guizot, de Cavour et du vieux Metternich,
des âmes sœurs, des adultères tout prêts, des
désirs en appareillage, des amours de toute
sorte, frais équipés pour la course, l'heure

ou le mois : précieuse ressource dans les **cas**
de rupture sentimentale et les soirées de dé-
sœuvrement.

Pourquoi, ce soir-là, précisément, eus-je
l'idée d'aller chez M**ᵐᵉ** G...? Je ne sais, car
j'étais fort mélancolique et nullement d'humeur à me divertir. Ma colère contre Eugène était bien calmée, momentanément, du
moins. Une immense fatigue, un immense
dégoût la remplaçait, dégoût de moi-même,
des autres, de tout le monde. Depuis le
matin, j'avais sérieusement réfléchi à ma
situation, et, malgré les promesses du ministre — dont j'étais décidé, d'ailleurs, à ne
pas lui donner une facile quittance —, je n'y
voyais point une convenable issue. Je com-
prenais qu'il était bien difficile à mon ami
de me procurer une position officielle, stable,
quelque chose d'honorablement parasitaire,
d'administrativement rémunérateur, par
quoi, il m'eût été permis de finir en paix,
vieillard respectable, fonctionnaire sinécu-
riste, mes jours. D'abord, cette position, il
est probable que je l'eusse aussitôt gaspillée;
ensuite, de toutes parts, au nom de la moralité publique et de la bienséance républi-

caine, les protestations concurrentes se
fussent élevées, auxquelles le ministre, in-
terpellé, n'aurait su que répondre. Tout ce
qu'il pouvait m'offrir, c'était, par des expé-
dients transitoires et misérables, par de
pauvres prestidigitations budgétaires, recu-
ler l'heure inévitable de ma chute. Et puis,
je ne pouvais même pas compter éternelle-
ment sur ce minimum de faveurs et de protection, car Eugène ne pouvait pas, lui non
plus, compter sur l'éternelle bêtise du public.
Bien des dangers menaçaient alors le cabinet, et bien des scandales auxquels, çà et là,
quelques journaux mécontents de leur part
fondsecrétière faisaient des allusions de
plus en plus directes, empoisonnaient la sécurité personnelle de mon protecteur...
Eugène ne se maintenait au pouvoir que par
des diversions agressives contre les partis
impopulaires ou vaincus, et aussi, à coup
d'argent, que je le soupçonnais alors, comme
cela fut démontré, plus tard, de recevoir
de l'étranger, en échange, chaque fois, d'une
livre de chair de la Patrie!...

Travailler à la chute de mon camarade,
m'insinuer adroitement auprès d'un leader
ministériel possible, reconquérir, près de ce

4.

nouveau collaborateur, une sorte de virginité sociale, j'y avais bien songé... Tout m'y
poussait, ma nature, mon intérêt, et aussi
le plaisir si âprement savouréux de la vengeance... Mais, en plus des incertitudes et
des hasards dont s'accompagnait cette combinaison, je ne me sentai pas le courage
d'une autre expérience, ni de recommencer
de pareilles manœuvres. J'avais brûlé ma
jeunesse par les deux bouts. Et j'étais las de
ces aventures périlleuses et précaires qui
m'avaient mené où?... J'éprouvais de la fatigue cérébrale, de l'ankylose aux jointures
de mon activité; toutes mes facultés dimi
nuaient, en pleine force, déprimées par la
neurasthénie. Ah! comme je regrettais de
n'avoir pas suivi les droits chemins de la vie!
Sincèrement, à cette heure, je ne souhaitais
plus que les joies médiocres de la régularité
bourgeoise; et je ne voulais plus, et je ne
pouvais plus supporter ces soubresauts de
fortune, ces alternatives de misère, qui ne
m'avaient pas laissé une minute de répit et
faisaient de mon existence une perpétuelle
et torturante anxiété. Qu'allais-je donc devenir?... L'avenir m'apparaissait plus triste
et plus désespérant que les crépuscules

d'hiver qui tombent sur les chambres de
malades... Et, tout à l'heure, après le dîner,
quelle nouvelle infamie l'infâme ministre me
proposerait-il?... Dans quelle boue plus
profonde, et dont on ne revient pas, vou-
drait-il m'enfoncer et me faire disparaître à
jamais?...

Je le cherchai du regard, parmi la cohue...
Il papillonnait auprès des femmes. Rien sur
son crâne, ni sur ses épaules, ne marquait
qu'il portât le lourd fardeau de ses crimes. Il
était insouciant et gai. Et de le voir ainsi,
ma fureur contre lui s'accrut du sentiment
de la double impuissance où nous étions tous
les deux, lui de me sauver de la honte, moi,
de l'y précipiter,... ah oui! de l'y précipiter!

Accablé par ces multiples et lancinantes
préoccupations, il n'était donc pas étonnant
que j'eusse perdu ma verve, et que les belles
créatures étalées et choisies par Mme G...,
pour le plaisir de ses invités, ne me fussent
de rien... Durant le dîner, je me montrai
parfaitement désagréable, et c'est à peine si
j'adressai la parole à mes voisines dont les
belles gorges resplendissaient parmi les pierreries et les fleurs. On crut que mon insuccès
électoral était la cause de ces noires dis-

positions de mon humeur, ordinairement joyeuse et galante.

— Du ressort!... me disait-on. Vous êtes jeune, que diable!... Il faut de l'estomac dans la carrière politique... Ce sera pour la prochaine fois.

A ces phrases de consolation banale, aux sourires engageants, aux gorges offertes, je répondais obstinément :

— Non... non... Ne me parlez plus de la politique... C'est ignoble!... Ne me parlez plus du suffrage universel... C'est idiot!... Je ne veux plus... je ne veux plus en entendre parler.

Et M⁰⁰ G..., fleurs, plumes et dentelles subitement soulevées autour de moi, en vagues multicolores et parfumées, me soufflait dans l'oreille, avec des pâmoisons maniérées et des coquetteries humides de vieille proxénète:

— Il n'y a que l'amour, voyez-vous... Il n'y a jamais que l'amour!... Essayez de l'amour!... Tenez, ce soir, justement, il y a ici une jeune Roumaine... passionnée... ah!... et poète, mon cher... et comtesse!... Je suis sûr qu'elle est folle de vous... D'abord toutes les femmes sont folles de vous... Je vais vous présenter...

J'esquivai l'occasion si brutalement ame-
née... et ce fut dans un silence maussade,
énervé, que je persistai à attendre la fin de
cette interminable soirée...

Accaparé de tous côtés, Eugène ne put
me joindre que fort tard. Nous profitâmes de
ce qu'une chanteuse célèbre absorbait un
moment l'attention générale pour nous
réfugier dans une sorte de petit fumoir,
qu'éclairait de sa lueur discrète une lampe
à longue tige enjuponnée de crépon rose.
Le ministre s'assit sur le divan, alluma une
cigarette, et, tandis que, en face de lui,
négligemment, j'enfourchais une chaise et
croisais mes bras sur le rebord du dossier,
il me dit avec gravité :
— J'ai beaucoup songé à toi, ces jours-ci.
Sans doute, il attendait une parole de re-
merciement, un geste amical, un mouvement d'intérêt ou de curiosité. Je demeurai
impassible, m'efforçant de conserver cet air
d'indifférence hautaine, presque insultante,
avec lequel je m'étais bien promis d'accueillir
les perfides avances de mon ami, car, depuis
le commencement de la soirée, je m'achar-
nais à me persuader qu'elles dussent être

perfides ces avances. Insolemment, j'affectai
de regarder le portrait de M. Thiers qui,
derrière Eugène, occupait la hauteur du
panneau et s'obscurcissait de tous les reflets
sombres, luttant sur sa surface trop vernie,
hormis, toutefois, le toupet blanc, dont le
surgissement piriforme devenait à lui seul
l'expression unique et complète de la physionomie disparue... Assourdi par les tentures retombées, le bruit de la fête nous arri-
vait ainsi qu'un bourdonnement lointain...
Le ministre hochant la tête, reprit : '

— Oui, j'ai beaucoup songé à toi... Eh
bien !... c'est difficile... très difficile.

De nouveau, il se tut, semblant réfléchir à
des choses profondes...

Je pris plaisir à prolonger le silence pour
jouir de l'embarras où cette attitude muette-
ment gouailleuse ne pouvait manquer de
mettre mon ami... Ce cher protecteur,
j'allais donc le voir, une fois de plus, devant
moi, ridicule et démasqué, suppliant peut-
être !... Il restait calme, cependant, et ne
paraissait pas s'inquiéter le moins du monde
de la trop visible hostilité de mon allure.

— Tu ne me crois pas? fit-il, d'une voix
ferme et tranquille... Oui, je sens que tu ne

me crois pas... Tu t'imagines que je ne
songe qu'à te berner... comme les autres,
est-ce vrai?... Eh bien, tu as tort, mon cher...
Au surplus, si cet entretien t'ennuie... rien
de plus facile que de le rompre...

Il fit mine de se lever.

— Je n'ai pas dit cela!... protestai-je, en
ramenant mon regard du toupet de M. Thiers
au froid visage, d'Eugène... Je n'ai rien dit..

— Ecoute-moi, alors... Veux-tu que nous
parlions, une bonne fois, en toute franchise,
de notre situation respective?...

— Soit! je t'écoute...

Devant son assurance, je perdais peu à
peu de la mienne... A l'inverse de ce que
j'avais trop vaniteusement auguré, Eugène
reconquérait toute son autorité sur moi... Je
le sentais qui m'échappait encore... Je le
sentais à cette aisance du geste, à cette
presque élégance des manières, à cette fer-
meté de la voix, à cette entière possession
de soi, qu'il ne montrait réellement que
quand il méditait ses plus sinistres coups.
Il avait alors une sorte d'impérieuse séduc-
tion, une force attractive à laquelle, même
prévenu, il était difficile de résister... Je le
connaissais pourtant et, souvent, pour mon

malheur, j'avais subi les effets de ce charme
maléfique qui ne devait plus m'être une
surprise... Eh bien! toute ma combativité
m'abandonna, mes haines se détendirent et,
malgré moi, je me laissai aller à reprendre
confiance, à si complétement oublier le
passé, que cet homme dont j'avais pénétré,
en ses obscurs recoins, l'âme inexorable et
fétide, je me plus à le considérer encore
comme un généreux ami, un héros de bonté,
un sauveur.

Et voici — ah! je voudrais pouvoir rendre
l'accent de force, de crime, d'inconscience
et de grâce qu'il mit dans ses paroles — ce
qu'il me dit :

— Tu as vu d'assez près la vie politique
pour savoir qu'il existe un degré de puissance où l'homme le plus infâme se trouve
protégé contre lui-même par ses propres
infamies, à plus forte raison contre les autres
par celles des autres... Pour un homme
d'Etat, il n'est qu'une chose irréparable :
l'honnêteté!... L'honnêteté est inerte et stérile, elle ignore la mise en valeur des appétits et des ambitions, les seules énergies par
quoi l'on fonde quelque chose de durable. La
preuve, c'est cet imbécile de Favrot, le seul

honnête homme du cabinet, et le seul aussi,
dont la carrière politique soit, de l'aveu général, totalement et à jamais perdue!...
C'est te dire, mon cher, que la campagne
menée contre moi me laisse absolument indifférent...

Sur un geste ambigu que, rapidement
i'esquissai :

— Oui... oui... je sais... on parle de mon
exécution... de ma chute prochaine... de
gendarmes... de Mazas!... « Mort aux voleurs ! »... Parfaitement... De quoi ne parle-
t-on pas?... Et puis après?... Cela me fait
rire, voilà tout!... Et, toi-même, sous prétexte que tu crois avoir été mêlé à quelques-
unes de mes affaires — dont tu ne connais,
soit dit en passant, que la contre-partie —
sous prétexte que tu détiens — du moins, tu
vas le criant partout — quelques vagues papiers... dont je me soucie, mon cher, comme
de ça !...

Sans s'interrompre, il me montra sa cigarette éteinte, qu'il écrasa ensuite dans un
cendrier, posé sur une petite table de laque,
près de lui..

— Toi-même... tu crois pouvoir disposer
de moi par la terreur... me faire chanter,

enfin, comme un banquier véreux !... Tu es
un enfant !... Raisonne un peu... Ma chute ?...
Qui donc, veux-tu me le dire, oserait, en ce
moment, assumer la responsabilité d'une
telle folie ?... Qui donc ignore qu'elle entraî-
nerait l'effondrement de trop de choses, de
trop de gens auxquels on ne peut pas toucher plus qu'à moi, sous peine d'abdication,
sous peine de mort ?... Car ce n'est pas moi
seul qu'on renverserait... ce n'est pas moi
seul qu'on coifferait d'un bonnet de forçat...
C'est tout le gouvernement, tout le Parlement, toute la République, associés, quoi
qu'ils fassent, à ce qu'ils appellent mes vé-
nalités, mes concussions, mes crimes... Ils
croient me tenir... et c'est moi qui les tiens !...
Sois tranquille, je les tiens ferme...

Et il fit le geste de serrer une gorge imaginaire...

L'expression de sa bouche, dont les coins
tombèrent, devint hideuse et, sur le globe
de ses yeux, apparurent des veinules pourprées qui donnèrent à son regard une signi-
fication implacable de meurtre... Mais, il se
remit vite, alluma une autre cigarette et
continua :

— Qu'on renverse le Cabinet, soit !... et

j'y aiderai... Nous sommes, du fait de cet
honnête Favrot, engagés dans une série de
questions inextricables, dont la solution logique est précisément qu'il ne peut pas y en
avoir... Une crise ministérielle s'impose,
avec un programme tout neuf... Remarque,
je te prie, que je suis, ou du moins, je parais
étranger à ces difficultés... Ma responsabilité
n'est qu'une fiction parlementaire... Dans
les couloirs de la Chambre et une certaine
partie de la Presse, on me désolidarise adroitement de mes collègues... Donc, ma situation personnelle reste nette, politiquement,
bien entendu... Mieux que cela... porté par
des groupes, dont j'ai su intéresser les me-
neurs à ma fortune, soutenu par la haute
banque et les grandes compagnies, je deviens
l'homme indispensable de la combinaison
nouvelle... je suis le président du conseil
désigné de demain... Et c'est au moment, où,
de tous côtés, l'on annonce ma chute, que
j'atteins au sommet de ma carrière!...
Avoue que c'est comique, mon cher petit,
et qu'ils n'ont pas encore ma peau...

Eugène était redevenu enjoué... Cette idée
qu'il n'y eût point pour lui de place intermé-
diaire entre ces deux pôles : la présidence

du Conseil, ou Mazas, émoustillait sa verve...
Il se rapprocha de moi et, me tapotant les
genoux, comme il faisait dans ses moments
de détente et de gaieté, il répéta :

— Non... mais avoue que c'est drôle!

— Très drôle!... approuvai-je... Et moi,
dans tout cela, qu'est-ce que je fais?

— Toi? Eh bien, voilà!... Toi, mon petit,
il faut t'en aller, disparaître... un an... deux
ans... qu'est-ce que c'est que cela? Tu as besoin de te faire oublier.

Et, comme je me disposais à protester :

— Mais, sapristi!... Est-ce de ma faute...
s'écria Eugène, si tu as gâché, stupidement,
toutes les positions admirables que je t'ai
mises, là, dans la main?... Un an... deux
ans... c'est vite passé... Tu reviendras avec
une virginité nouvelle, et tout ce que tu voudras, je te le donnerai... D'ici-là, rien, je
ne puis rien... Parole!... je ne puis rien.

Un reste de fureur grondait en moi... mais
ce fut d'une voix molle que je criai :

— Zut!.. Zut!... Zut!...

Eugène sourit, comprenant que ma résistance finissait dans ce dernier hoquet :

— Allons! allons!... me dit-il d'un air
bon enfant... ne fais pas ta mauvaise tête

Écoute-moi... J'ai beaucoup réfléchi... Il
faut t'en aller..: Dans ton intérêt, pour ton
avenir, je n'ai trouvé que cela... Voyons!...
Es-tu... comment dirai-je?... es-tu embryo
logiste?

Il lut ma réponse dans le regard effaré que
je lui jetai.

— Non!... tu n'es pas embryologiste..
Fâcneux!... très fâcheux!...

— Pourquoi me demandes-tu cela? Quelle
est encore cette blague?

— C'est que, en ce moment, je pourrais
avoir des crédits considérables — oh! relati-
vement! — mais enfin, de gentils crédits,
pour une mission scientifique, qu'on aurait
eu plaisir à te confier...

Et, sans me laisser le temps de répondre,
en phrases courtes, drôles, accompagnées
de gestes bouffons, il m'expliqua l'affaire...

— Il·s'agit d'aller aux Indes, à Ceylan, je
crois, pour y fouiller la mer... dans les
golfes... y étudier ce que les savants appellent la gelée pélasgique, comprends-tu?...
et, parmi les gastéropodes, les coraux, les
hétéropodes, les madrépores, les siphono-
phores, les holoturies et les radiolaires...
est-ce que je sais?... retrouver la cellule pri-

mordiale... écoute bien... l'*initium* proto-
plasmatique de la vie organisée... enfin,
quelque chose dans ce genre... `C'est
charmant — et comme tu le vois — très
simple...

— Très simple! en effet, murmurai-je,
machinalement.

— Oui, mais, voilà... conclut ce véritable
homme d'Etat... tu n'es pas embryologiste...

Et, il ajouta, avec une bienveillante tristesse :

— C'est embêtant!...

Mon protecteur réfléchit quelques minutes... Moi je me taisais, n'ayant pas eu le
temps de me remettre de la stupeur où m'a-
vait plongé cette proposition si imprévue...

— Mon Dieu!... reprit-il... il y aurait bien
une autre mission... car nous avons beaucoup de missions, actuellement... et l'on ne
sait à quoi dépenser l'argent des contribua-
bles... Ce serait, si j'ai bien compris, d'aller
aux îles Fidji et dans la Tasmanie, pour
étudier les divers systèmes d'administrations
pénitentiaires qui y fonctionnent... et leur
application à notre état social... Seulement,
c'est moins gai... et je dois te prévenir que
les crédits ne sont pas énormes... Et ils

sont encore anthropophages, là-bas, tu sais!... Tu crois que je blague, hein?... et que je te raconte une opérette?... Mais, mon cher, toutes les missions sont dans ce goût là... Ah!...

Eugène se mit à rire d'un rire malicieusement discret.

— Il y a bien encore la police secrète... Hé! hé!... on pourrait peut-être t'y trouver une bonne situation... qu'en dis-tu?...

Dans les circonstances difficiles, mes facultés mentales s'activent, s'exaltent, mes énergies se décuplent, et je suis doué d'un subit retournement d'idées, d'une promptitude de résolution qui m'étonnent toujours et qui, souvent, m'ont bien servi :

— Bah! m'écriai-je... Après tout, je puis bien être embryologiste, une fois, dans ma vie... Qu'est-ce que je risque?... La science n'en mourra pas... elle en a vu d'autres, la science!... C'est entendu! J'accepte la mission de Ceylan.

— Et tu as raison... Bravo! applaudit le ministre... d'autant que l'embryologie, mon petit, Darwin... Hæckel... Carl Vogt, au fond, tout ça, ça doit être une immense blague!... Ah! mon gaillard, tu ne vas pas t'ennuyer,

là-bas... Ceylan est merveilleux. Il y a, paraît-il, des femmes extraordinaires... des
petites dentellières d'une beauté... d'un tem-
pérament... C'est le paradis terrestre!...
Viens demain au ministère... nous termine-
rons l'affaire, officiellement... En attendant,
tu n'as pas besoin de crier ça, par-dessus les
toits, à tout le monde... parce que, tu sais,
je joue là une blague dangereuse, pour moi
et qui peut me coûter cher... Allons!...

Nous nous levâmes. Et, pendant que je
rentrais, dans les salons, au bras du ministre,
celui-ci me disait encore, avec une ironie
charmante :

— Hein? tout de même!... La cellule?...
si tu la retrouvais?... Est-ce qu'on sait? .
C'est Berthelot qui ferait un nez, crois-tu?...

Cette combinaison m'avait redonné un
peu de courage et de gaieté... Non qu'elle
me plût absolument... A ce brevet d'illustre
embryologiste, j'eusse préféré une bonne
recette générale, par exemple... ou un siège
bien rembourré au Conseil d'Etat... mais il
faut se faire une raison; l'aventure n'était
pas sans quelque amusement, du reste. De
simple vagabond de la politique que j'étais
la minute d'avant, on ne devient pas, par un

coup de baguette ministérielle, le considé-, rable savant qui allait violer les mystères, aux sources mêmes de la Vie, sans en éprou- ver quelque fierté mystificatrice et quelque comique orgueil...

La soirée, commencée dans la mélancolie, s'acheva dans la joie.

J'abordai Mme G... qui, très animée, orga- nisait l'amour et promenait l'adultère de groupe en groupe, de couple en couple.

— Et cette adorable comtesse roumaine, lui demandai-je... est-ce qu'elle est toujours folle de moi?

— Toujours, mon cher...

Elle me prit le bras... Ses plumes étaien défrisées, ses fleurs fanées, ses dentelles aplaties.

— Venez donc!... dit-elle... Elle flirte, dans le petit salon de Guizot, avec la prin- cesse Onane...

— Comment, elle aussi?...

— Mais, mon cher, répliqua ce grande politique... à son âge et avec sa nature de poète... il serait vraiment malheureux qu'elle n'ait pas touché à tout!

Mes préparatifs furent vite faits. J'eus la chance que la jeune comtesse roumaine, qui s'était fort éprise de moi, voulût bien m'aider de ses conseils et, ma foi, je le dis, non sans honte, de sa bourse aussi.

D'ailleurs, j'eus toutes les chances.

Ma mission s'annonçait bien. Par une exceptionnelle dérogation aux coutumes bureaucratiques, huit jours après cette conversation décisive dans les salons de Mme G..., je touchais sans nulle anicroche, sans nul retard, les susdits crédits. Ils étaient libéralement calculés, et comme je n'osais pas espérer qu'ils le fussent, car je connaissais « la chiennerie » du gouvernement en ces matières, et les pauvres petits budgets sommaires dont on gratifie si piteusement les

savants en mission... les vrais. Ces libéralités
insolites, je les devais sans doute à cette
circonstance que, n'étant point du tout un
savant, j'avais, plus que tout autre, besoin
de plus grandes ressources, pour en jouer le
rôle.

On avait prévu l'entretien de deux secré-
taires et de deux domestiques, l'achat fort
coûteux d'instruments d'anatomie, de mi-
croscopes, d'appareils de photographie, de
canots démontables, de cloches à plongeur,
jusqu'à des bocaux de verre pour collections
scientifiques, des fusils de chasse et des
cages destinées à ramener vivants les animaux capturés. Vraiment, le gouvernement
faisait luxueusement les choses, et je ne pouvais que l'en louer. Il va sans dire que je
n'achetai aucun de ces *impedimenta*, et que
je décidai de n'emmener personne, comptant
sur ma seule ingéniosité, pour me débrouiller au milieu de ces forêts inconnues de la
science et de l'Inde.

Je profitai de mes loisirs, pour m'instruire
sur Ceylan, ses mœurs, ses paysages, et me
faire une idée de la vie que je mènerais, là-
bas, sous ces terribles tropiques. Même en
éliminant ce que les récits des voyageurs

comportent d'exagération, de vantardise et
de mensonge, ce que je lus m'enchanta, par-
ticulièrement ce détail, rapporté par un
grave savant allemand, qu'il existe, dans la
banlieue de Colombo, parmi de féeriques
jardins, au bord de la mer, une merveilleuse
villa, un *bungalow*, comme ils disent, dans
lequel un riche et fantaisiste Anglais entre-
tient une sorte de harem, où sont représen-
tées, en de parfaits exemplaires féminins,
toutes les races de l'Inde, depuis les noires
Tamoules, jusqu'aux serpentines Bayadères
du Lahore, et aux bacchantes démoniaques
de Bénarès. Je me promis bien de trouver
un moyen d'introduction, auprès de ce poly-
game amateur, et borner là mes études
d'embryologie comparée.

Le ministre, à qui j'allai faire mes adieux
et confier mes projets, approuva toutes ces
dispositions et loua fort gaiement ma vertu
d'économie. En me quittant, il me dit avec
une éloquence émue, tandis que moi-même,
sous l'ondée de ses paroles, j'éprouvais un
attendrissement, un pur, rafraîchissant et
sublime attendrissement d'honnête homme :

— Pars, mon ami, et reviens nous plus
fort... reviens-nous un homme nouveau et

un glorieux savant... Ton exil, que tu sauras
employer, je n'en doute pas, à de grandes
choses, retrempera tes énergies pour les
luttes futures... Il les retrempera aux sources
mêmes de la vie, dans le berceau de l'humanité que... de l'humanité dont... Pars... et
si, à ton retour, tu retrouvais — ce que je ne
puis croire — si tu retrouvais, dis-je, les
mauvais souvenirs persistants, les difficultés... les hostilités .. un obstacle enfin à
tes justes ambitions... dis-toi bien que tu
possèdes sur le personnel gouvernemental
assez de petits papiers, pour en triompher
haut la main... *Sursum Corda !*... Compte
sur moi, d'ailleurs... Pendant que tu seras
là-bas, courageux pionnier du progrès, soldat de la science... pendant que tu sonderas
les golfes et que tu interrogeras les mystérieux atolls, pour la France, pour notre
chère France... je ne t'oublierai pas, crois-
le bien... Habilement, progressivement, dans
l'*Agence Havas* et dans mes journaux, je
saurai créer de l'agitation autour de ton jeune
nom d'embryologiste... Je trouverai des
réclames admirables, pathétiques... « Notre
grand embryologiste »... « Nous recevons de
notre jeune et illustre savant dont les décou-

vertes embryologiques, etc... » — Pendant
qu'il étudiait, sous vingt brasses d'eau, une
holothurie encore inconnue, notre infati-
gable embryologiste faillit être emporté par
un requin... Une lutte terrible... etc... »...
Va, va, mon ami... Travaille sans crainte à
la grandeur du pays. Aujourd'hui, un peuple
n'est pas grand seulement par ses armes,
il est grand surtout par ses arts... par
sa science... Les conquêtes pacifiques
de la science servent plus la civilisation
que les conquêtes, etc... *Cedant arma sa-
pientiæ*...

Je pleurais de joie, de fierté, d'orgueil,
d'exaltation, l'exaltation de tout mon être
vers quelque chose d'immense et d'immensé-
ment beau. Projeté hors de mon *moi*, je ne
sais où, j'avais, en ce moment, une autre
âme, une âme presque divine, une âme de
création et de sacrifice, l'âme de quelque
héros sublime en qui reposent les suprêmes
confiances de la Patrie, toutes les espérances
décisives de l'humanité.

Quant au ministre, à ce bandit d'Eugène,
il pouvait, à peine, lui aussi, contenir son
émotion. Il y avait de l'enthousiasme vrai
dans son regard, un tremblement sincère dans

sa voix. Deux petites larmes coulaient de ses yeux... Il me serra la main à la briser...

Durant quelques minutes, tous les deux, nous fûmes le jouet inconscient et comique de notre propre mystification...

Ah ! quand j'y pense !

Muni de lettres de recommandation pour
« les autorités » de Ceylan, je m'embarquai,
enfin, par une splendide après-midi, à Marseille, sur le *Saghalien*.

Dès que j'eus mis le pied sur le paquebot,
j'éprouvai, immédiatement, l'efficacité de
ce qu'est un titre officiel, et comment, par
son prestige, un homme déchu, tel que j'étais
alors, se grandit, dans l'estime des inconnus
et des passants, par conséquent, dans la
sienne. Le capitaine « qui savait mes admirables travaux », m'entoura de prévenances,
presque d'honneurs. La cabine la plus confortable m'avait été réservée, ainsi que la
meilleure place à table. Comme la nouvelle
s'était vite répandue, parmi les passagers,
de la présence, à bord, d'un illustre savant,

chacun s'ingénia de me manifester son respect... Je ne voyais, sur les visages, que le
fleurissement de l'admiration. Les femmes,
elles-mêmes, me témoignaient de la curiosité
et de la bienveillance, celle-ci, discrètes,
celle-là, caractéristiques d'un sentiment plus
brave. Une surtout, attira violemment mon
attention. C'était une créature merveilleuse,
avec de lourds cheveux roux et des yeux
verts, pailletés d'or, comme ceux des fauves.
Elle voyageait, accompagnée de trois femmes
de chambre, dont une chinoise. Je m'informai
auprès du capitaine.

— C'est une Anglaise, me dit-il... On l'appelle miss Clara... La femme la plus extraordinaire qui soit... Bien qu'elle n'ait que
vingt-huit ans, elle connaît déjà toute la
terre... Pour l'instant, elle habite la Chine...
C'est la quatrième fois que je la vois à mon
bord...

— Riche?

— Oh! très riche... Son père, mort
depuis longtemps, fut, m'a-t-on dit, vendeur
d'opium, à Canton. C'est même là qu'elle
est née... Elle est, je crois, un peu toquée...
mais charmante.

— Mariée ?

—, Non...

— Dt...?

Je mis, dans cette conjonction, tout un ordre d'interrogations intimes et même égrillardes...

Le capitaine sourit.

— Ça... je ne sais pas... je ne crois pas... Je ne me suis jamais aperçu de rien... ici.

Telle fut la réponse du brave marin, qui me sembla, au contraire, en savoir beaucoup plus qu'il ne voulait en dire... Je n'insistai pas, mais je me dis, à part moi, elliptique et familier. « Toi, ma petite... parfaitement!... »

Les premiers passagers, avec qui je me liai furent deux Chinois de l'Ambassade de Londres et un gentilhomme normand qui se rendait au Tonkin. Celui-ci voulut bien, tout de suite, me confier ses affaires... C'était un chasseur passionné.

— Je fuis la France, me déclara-t-il... je la fuis, chaque fois que je le peux... Depuis que nous sommes en république, la France est un pays perdu... Il y a trop de braconniers, et ils sont les maîtres... Figurez-vous que je ne puis plus avoir de gibier chez moi!... Les braconniers me le tuent et les

tribunaux leur donnent raison... C'est un peu
fort!... Sans compter que le peu qu'ils laissent crève d'on ne sait quelles épidémies...
Alors, je vais au Tonkin... Quel admirable
pays de chasse !... C'est la quatrième fois,
mon cher monsieur, que je vais au Tonkin...

— Ah! vraiment?...

— Oui!... Au Tonkin, il y a de tous les
gibiers en abondance... Mais surtout des
paons... Quel coup de fusil, Monsieur!...
Par exemple, c'est une chasse dangereuse...
Il faut avoir l'œil.

— Ce sont, sans doute, des paons féroces?.

— Mon Dieu, non... Mais telle est la situation... Là où il y a du cerf, il y a du
tigre... et là, où il y a du tigre, il y a du
paon!...

— C'est un aphorisme?...

— Vous allez me comprendre... Suivez-
moi bien... Le tigre mange le cerf... et...

— Le paon mange le tigre?... insinuai-je
gravement...

— Parfaitement... c'est-à-dire... voici la
chose... Quand le tigre est repu du cerf, il
s'endort... puis il se réveille... se soulage
et... s'en va... Que fait le paon, lui?... Per-
ché dans les arbres voisins, il attend prudem-

ment ce départ... alors, il descend à terre et mange les excréments du tigre... C'est à ce moment précis qu'on doit le surprendre...

Et, de ses deux bras tendus en ligne de fusil, il fit le geste de viser un paon imaginaire :

— Ah ! quels paons!... Vous n'en avez pas la moindre idée... Car ce que vous prenez dans nos volières et dans nos jardins, pou des paons, ce ne sont même pas des dindons... Ce n'est rien... Mon cher monsieur, j'ai tué de tout... j'ai même tué des hommes... Eh bien!... jamais un coup de fusil ne me procura une émotion aussi vive que ceux que je tirai sur les paons... Les paons... monsieur, comment vous dire?.. c'est magnifique à tuer!...

Puis, après un silence, il conclut :

— Voyager, tout est là!... En voyagean on voit des choses extraordinaires et qui fon réfléchir...

— Sans doute, approuvai-je... Mais il faut être, comme vous, un grand observateur...

— C'est vrai!... j'ai beaucoup observé... se rengorgea le brave gentilhomme... Eh bien, de tous les pays que j'ai parcourus, — le Japon, la Chine, Madagascar, Haïti et une

partie de l'Australie — je n'en connais pas
de plus amusant que le Tonkin... Ainsi, vous
croyez, peut-être, avoir vu des poules?

— Oui, je le crois.

— Erreur, mon cher monsieur... vous
n'avez pas vu de poules... Il faut aller au
Tonkin, pour cela... Et encore, on ne les
voit pas... Elles sont dans les forêts et se
cachent dans les arbres... On ne les voit jamais... Seulement, moi, j'avais un truc... Je
remontais les fleuves, en sampang, avec un
coq dans une cage... Je m'arrêtais au bord
de la forêt, et j'accrochais la cage au bout
d'une branche... Le coq chantait... Alors de
toutes les profondeurs du bois, les poules
venaient... venaient... Elles venaient par
bandes innombrables... Et je les tuais !... J'en
ai tué jusqu'à douze cents dans la même
journée !...

— C'est admirable !... proclamai-je, enthousiaste...

— Oui... oui... Pas autant que les paons,
toutefois... Ah ! les paons !...

Mais il n'était pas que chasseur ce gentilhomme ; il était joueur aussi. Bien avant que
nous fussions en vue de Naples, les deux Chinois, le tueur de paons et moi avions établi

une forte partie de poker. Grâce à mes connaissances spéciales de ce jeu, en arrivant à Port-Saïd, j'avais délesté de leur argent ces trois incomparables personnages et triplé le capital que j'emportais vers la joie des Tropiques et l'inconnu des Embryologies fabuleuses.

VI

A cette époque, j'eusse été incapable de la
moindre description poétique, le lyrismé
m'étant venu, par la suite, avec l'amour.
Certes, comme tout le monde, je jouissais
des beautés de la nature, mais elles ne m'af-
folaient pas jusqu'à l'évanouissement; j'en
jouissais, à ma façon, qui était celle d'un républicain modéré. Et je me disais :

— La nature, vue d'une portière de wagon
ou d'un hublot de navire est, toujours et
partout, semblable à elle-même. Son principal caractère est qu'elle manque d'impro-
visation. Elle se répète constamment, n'ayant
qu'une petite quantité de formes, de combinaisons et d'aspects qui se retrouvent, çà et
là, à peu près pareils. Dans son immense et
lourde monotonie, elle ne se différencie que

par des nuances, à peine perceptibles et
sans aucun intérêt, sinon pour les dompteurs
de petites bêtes, que je ne suis pas, quoique
embryologiste, et les coupeurs de cheveux en
quatre... Bref, quand on a voyagé à travers
cent lieues carrées de pays, n'importe où, on
a tout vu... Et cette canaille d'Eugène qui
me criait : « Tu verras cette nature... ces
arbres... ces fleurs! »... Moi, les arbres me
portent sur les nerfs et je ne tolère les fleurs
que chez les modistes et sur les chapeaux...
En fait de nature tropicale, Monte-Carlo eût
amplement suffi à mes besoins d'esthétique
paysagiste, à mes rêves de voyage lointain...
Je ne comprends les palmiers, les cocotiers
les bananiers, les palétuviers, les pample-
mousses et les pandanus que si je puis cueillir,
à leur ombre, des numéros pleins et de jolies
petites femmes qui grignotent entre leurs
lèvres, autre chose que le bétel... Cocotier :
arbre à cocottes... Je n'aime les arbres que
dans cette classification bien parisienne...

Ah! la brute aveugle et sourde que j'étais
alors!... Et comment ai-je pu, avec un si
écœurant cynisme, blasphémer contre la
beauté infinie de la Forme, qui va de l'homme
à la bête, de la bête à la plante, de la plante

à la montagne, de la montagne au nuage, et
du nuage au caillou qui contient en reflets,
toutes les splendeurs de la vie!...

Bien que nous fussions au mois d'octobre,
la traversée de la mer Rouge fut quelque
chose de très pénible. La chaleur était si
écrasante, l'air si lourd à nos poumons
d'Européens, que, bien des fois, je pensai
mourir asphyxié. Dans la journée, nous ne
quittions guère le salon, où le grand *punka*
indien, fonctionnant sans cesse, nous donnait l'illusion, vite perdue, d'une brise plus
fraîche, et nous passions la nuit sur le pont,
où il ne nous était, d'ailleurs, pas plus possible de dormir que dans nos cabines... Le
gentilhomme normand soufflait comme un
bœuf malade et ne songeait plus à raconter
ses histoires de chasses tonkinoises. Parmi
les passagers, ceux qui s'étaient montrés les
plus vantards, les plus intrépides étaient tout
effondrés, inertes de membres et sifflant de
la gorge, ainsi que des bêtes fourbues. Rien
n'était plus ridicule que le spectacle de ce-
gens, écroulés dans leurs *pidjamus* multicolores... Seuls, les deux Chinois semblaient
insensibles à cette température de flamme..
Ils n'avaient rien changé à leurs habitudes,

7

pas plus qu'à leurs costumes et partageaient
leur temps entre des promenades silencieuses
sur le pont et des parties de cartes ou de
dés dans leurs cabines.

Nous ne nous intéressions à rien. Rien, du
reste, ne nous distrayait du supplice de nous
sentir cuire avec une lenteur et une régularité de pot-au-feu. Le paquebot naviguait au
milieu du golfe : au-dessus de nous, autour
de nous, rien que le bleu du ciel et le bleu de
la mer, un bleu sombre, un bleu de métal
chauffé qui, çà et là, garde à sa surface les
incandescences de la forge; à peine si nous
distinguions les côtes somalies, la masse
rouge, lointaine, en quelque sorte vaporisée
de ces montagnes de sable ardent, où pas un
arbre, pas une herbe ne poussent, et qui
enserrent comme d'un brasier, sans cesse
en feu, cette mer sinistre, semblable à un
immense réservoir d'eau bouillante.

Je dois dire que, durant cette traversée, je
fis preuve d'un grand courage et que je
réussis à ne rien montrer de mon réel état
de souffrance... J'y parvins par la fatuité et
par l'amour.

Le hasard — est-ce bien le hasard ou le
capitaine? — m'avait donné miss Clara pour

voisine de table. Un incident de service fit
que nous liâmes connaissance presque immédiatement... D'ailleurs ma haute situation dans la science, et la curiosité dont
j'étais l'objet, autorisaient certaines déroga-
tions aux ordinaires conventions de la politesse.

Comme me l'avait appris le capitaine, miss
Clara rentrait en Chine, après avoir partagé
tout son été entre l'Angleterre, pour ses
intérêts, l'Allemagne, pour sa santé, et la
France, pour son plaisir. Elle m'avoua que
l'Europe la dégoutait de plus en plus... Elle
ne pouvait plus supporter ses mœurs étri-
quées, ses modes ridicules, ses paysages fri-
leux... Elle ne se sentait heureuse et libre
qu'en Chine!... D'allure très décidée, d'existence très exceptionnelle, causant, parfois,
à tort et à travers, parfois avec une vive sensation des choses, d'une gaîté fébrile et
poussée à l'étrange, sentimentale et philosophe, ignorante et instruite, impure et can-
dide, mystérieuse, enfin, avec des trous...
des fuites... des caprices incompréhensibles,
des volontés terribles... elle m'intrigua fort,
bien qu'il faille s'attendre à tout de l'excen-
tricité d'une Anglaise. Et je ne doutai point,

dès l'abord, moi qui, en fait de femmes,
n'avais jamais rencontré que des cocottes
parisiennes, et, ce qui est pire, des femmes
politiques et littéraires, je ne doutai point
que j'eusse facilement raison de celle-ci, et
je me promis d'agrémenter avec elle mon
voyage, d'une façon imprévue et charmante.
Rousse de cheveux, rayonnante de peau, un
rire était toujours prêt à sonner sur ses lèvres
charnues et rouges. Elle l'était vraiment la
joie du bord, et comme l'âme de ce navire,
en marche vers la folle aventure et la liberté
édénique des pays vierges, des tropiques de
feu... Eve des paradis merveilleux, fleur
elle-même, fleur d'ivresse, et fruit savoureux
de l'éternel désir, je la voyais errer et bondir,
parmi les fleurs et les fruits d'or des vergers
primordiaux, non plus dans ce moderne costume de piqué blanc, qui moulait sa taille
flexible et renflait de vie puissante son buste,
pareil à un bulbe, mais dans la splendeur
surnaturalisée de sa nudité biblique.

Je ne tardai pas à reconnaître l'erreur de
mon diagnostic galant et que miss Clara, au
rebours de ce que j'avais trop vaniteusement
auguré, était d'une imprenable honnêteté..
Loin d'être déçu par cette constatation, elle

ne m'en parut que plus jolie et je conçus un
véritable orgueil de ce que, pure et vertueuse,
elle m'eût accueilli, moi, ignoble et débauché, avec une si simple et si gracieuse confiance. . Je ne voulais pas écouter les voix
intérieures qui me criaient : « Cette femme
ment... cette femme se moque de toi... Mais
regarde donc, imbécile, ces yeux qui ont tout
vu, cette bouche qui a tout baisé, ces mains
qui ont tout caressé, cette chair qui, tant de
fois, a frémi à toutes les voluptés et dans
toutes les étreintes!... Pure?... ah!... ah!...
ah!... Et ces gestes qui savent? Et cette
mollesse et cette souplesse, et ces flexions du
corps qui gardent toutes les formes de l'enla-
cement?... et ce buste gonflé, comme une
capsule de fleur saoule de pollen?... »... Non,
en vérité, je ne les écoutais pas... Et ce me
fut une sensation délicieusement chaste, faite
d'attendrissement, de reconnaissance, de
fierté, une sensation de reconquête morale,
d'entrer chaque jour, plus avant, dans la
familiarité d'une belle et vertueuse personne,
dont je me disais à l'avance, qu'elle ne serait
jamais rien pour moi... rien qu'une âme!...
Cette idée me relevait, me réhabilitait à mes
propres yeux. Grâce à ce pur contact quoti-

7.

dien, je gagnais, oui je gagnais de l'estime
envers moi-même. Toute la boue de mon
passé se transformait en lumineux azur... et
j'entrevoyais l'avenir à travers la tranquille, la
limpide émeraude des bonheurs réguliers...
Oh! comme Eugène Mortain, Mme G... et
leurs pareils étaient loin de moi!... Comme
toutes ces figures de grimaçants fantômes se
fondaient, à toutes les minutes, davantage,
sous le céleste regard de cette créature
lustrale, par qui je me révélais à moi-
même un homme nouveau, avec des généro-
sités, des tendresses, des élans que je ne
m'étais jamais connus.

O l'ironie des attendrissements d'amour!...
O la comédie des enthousiasmes qui sont
dans l'âme humaine!... Bien des fois, près
de Clara, je crus à la réalité, à la grandeur
de ma mission, et que j'avais en moi le génie
de révolutionner toutes les embryologies de
toutes les planètes de l'Univers...

Nous en arrivâmes vite aux confidences...
En une série de mensonges, habilement me-
surés, qui étaient, d'une part, de la vanité,
d'autre part, un bien naturel désir de ne pas
me déprécier dans l'esprit de mon amie, je
me montrai tout à mon avantage en mon

rôle de savant, narrant mes découvertes bio-
logiques, mes succès d'académie, tout l'es-
poir que les plus illustres hommes de science
fondaient sur ma méthode et sur mon
voyage. Puis, quittant ces hauteurs un peu
ardues, je mêlais des anecdotes de vie mondaine à des appréciations de littérature et
d'art, mi-saines, mi-perverses, assez pour
intéresser l'esprit d'une femme, sans le trou-
bler. Et ces conversations, frivoles et légères,
auxquelles je m'efforçais de donner un tour
spirituel, prêtaient à ma grave personnalité
de savant, un caractère particulier, et, peut-
être unique. J'achevai de conquérir miss
Clara, durant cette traversée de la mer
Rouge. Domptant mon malaise, je sus trouver des soins ingénieux et de délicates atten-
tions qui endormirent son mal. Lorsque le
Saghalien relâcha à Aden, pour y faire du
charbon, nous étions, elle et moi, de parfaits
amis, amis de cette miraculeuse amitié que
pas un regard ne trouble, pas un geste ambigu,
pas une intention coupable n'effleurent pour
en ternir la belle transparence... Et pourtant
les voix continuaient de crier en moi : « Mais
regarde donc ces narines qui aspirent, avec
une volupté terrible, toute la vie... Regarde

ces dents qui, tant de fois, ont mordu dans
le fruit sanglant du péché. » Héroïquement,
je leur imposais silence.

Ce fut une joie immense quand nous
entrâmes dans les eaux de l'océan Indien;
après les mortelles, torturantes journées
passées sur la mer Rouge, il semblait que ce
fût la résurrection. Une vie nouvelle, une vie
de gaîté, d'activité reprenait à bord. Quoique
la température fût encore très chaude, l'air
était délicieux à respirer, comme l'odeur
d'une fourrure qu'une femme vient de quitter.
Une brise légère imprégnée, on eût dit, de
tous les parfums de la flore tropicale, rafraî-
chissait le corps et l'esprit. Et, c'était, autour
de nous, un éblouissement. Le ciel, d'une
translucidité de grotte féerique, était d'un
vert d'or, flammé de rose; la mer calme, d'un
rythme puissant sous le souffle de la mous-
son, s'étendait extraordinairement bleue,
ornée, çà et là, de grandes volutes smaragdines. Nous sentions réellement physique-
ment comme une caresse d'amour, l'approche des continents magiques, des pays de
lumière où la vie, un jour de mystère, avait
poussé ses premiers vagissements. Et tous
avaient sur le visage, même le gentilhomme

normand, un peu de ce ciel, de cette mer,
de cette lumière.

Miss Clara — cela va sans dire — atti-
rait, excitait beaucoup les hommes ; elie
avait toujours, autour d'elle, une cour d'ado-
rateurs passionnés. Je n'étais point jaloux,
certain qu'elles les jugeait ridicules, et
qu'elle me préférait à tous les autres, même
aux deux Chinois avec qui elle s'entretenait
souvent, mais qu'elle ne regardait pas,
comme elle me regardait, avec cet étrange
regard, où il m'avait semblé plusieurs fois
et malgré tant de réserves, surprendre des
complicités morales, et je ne sais quelles
secrètes correspondances... Parmi les plus
fervents, se trouvait un explorateur français,
qui se rendait dans la presqu'île malaise,
pour y étudier des mines de cuivre, et un
officier anglais que nous avions pris à Aden,
et qui regagnait son poste, à Bombay.
C'étaient, chacun dans son genre, deux
épaisses mais fort amusantes brutes, et
dont Clara aimait à se moquer. L'explorateur ne tarissait pas sur ses récents voyages
à travers l'Afrique centrale. Quant à l'officier anglais, capitaine dans un régiment
d'artillerie, il cherchait à nous éblouir, en

nous décrivant toutes ses inventions de balistique.

Un soir, après le dîner, sur le pont, nous étions tous réunis autour de Clara, délicieusement étendue sur un rocking-chair. Les uns fumaient des cigarettes, ceux-là rêvaient... Tous, nous avions, au cœur, le même désir de Clara ; et tous, avec la même pensée de possession ardente, nous suivions le va-et-vient de deux petits pieds, chaussés de deux petites mules roses qui, dans le balancement du fauteuil, sortaient du calice parfumé des jupons, comme des pistils de fleurs... Nous ne disions rien... Et la nuit était d'une douceur féerique, le bateau glissait voluptueusement sur la mer, comme sur de la soie. Clara s'adressa à l'explorateur...

— Alors? fit-elle d'une voix malicieuse... Ça n'est pas une plaisanterie?... Vous en en avez mangé de la viande humaine?

— Certainement oui!... répondit-il fièrement et d'un ton qui établissait une indiscutable supériorité sur nous... Il le fallait bien... on mange ce qu'on a...

— Quel goût ça a-t-il?... demanda-t-elle, un peu dégoûtée.

Il réfléchit un instant... Puis esquissant
n geste vague :

— Mon Dieu!... dit-il... comment vous
expliquer?... Figurez-vous, adorable miss...
figurez-vous du cochon... du cochon un peu
mariné dans de l'huile de noix...

Négligent et résigné, il ajouta :

— Ça n'est pas très bon... on ne mange
pas ça, du reste, par gourmandise... J'aime
mieux le gigot de mouton, ou le beefs-
teack...

— Évidemment!... consentit Clara.

Et, comme si elle eût voulu, par politesse,
diminuer l'horreur de cette anthropophagie,
elle spécialisa :

— Parce que, sans doute, vous ne mangiez que de la viande de nègre!...

— Du nègre?... sécria-t-il, en sursau-
tant... Pouah!... Heureusement, chère
miss, je n'en fus pas réduit à cette dure
nécessité... Nous n'avons jamais manqué de
blancs, Dieu merci!... Notre escorte était
nombreuse, en grande partie formée d'Européens... des Marseillais, des Allemands,
des Italiens... un peu de tout... Quand
on avait trop faim, on abattait un homme
de l'escorte... de préférence un Alle-

mand... L'Allemand, divine miss, est **plus** gras que les autres races... et il fournit davantage... Et, puis, pour nous autres Français, c'est un Allemand de moins!.. L'Italien, lui, est sec et dur... C'est plein de nerfs...

— Et le Marseillais?... intervins-je...

— Peuh!... déclara le voyageur, en hochant la tête... le Marseillais est très surfait... il sent l'ail... et, aussi, je ne sais pas pourquoi, le suint... Vous dire que c'est régalant?... non... c'est mangeable, voilà tout...

Se tournant vers Clara avec des gestes de protestation, il insista :

— Mais du nègre... jamais!... je crois que je l'aurais revomi... J'ai connu des gens qui en avaient mangé... Ils sont tombés malades... Le nègre n'est pas comestible.. Il y en a même, je vous assure, qui sont vénéneux...

Et, scrupuleux, il rectifia :

— Après tout... faut-il le bien connaître, comme les champignons?... Peut-être les nègres de l'Inde se laissent-ils manger? ..

— Non!... affirma l'officier anglais, d'un ton bref et catégorique qui clôtura, au milieu des rires, cette discussion culinaire, laquelle commençait à me soulever le cœur...

L'explorateur, un peu décontenancé, reprit :

— Il n'importe... malgré tous ces petits ennuis, je suis très heureux d'être reparti. En Europe, je suis malade... je ne vis pas... je ne sais où aller... Je me trouve aveuli et prisonnier dans l'Europe, comme une bête dans une cage... Impossible de faire jouer ses coudes, d'étendre les bras, d'ouvrir la bouche, sans se heurter à des préjugés stupides, à des lois imbéciles... à des mœurs iniques... L'année dernière, charmante miss, je me promenais dans un champ de blé. Avec ma canne, j'abattais les épis autour de moi... Cela m'amusait... J'ai bien le droit de faire ce qui me plaît, n'est-ce pas?... Un paysan accourut qui se mit à crier, à m'insulter, à m'ordonner de sortir de son champ... On n'a pas idée de ça!... Qu'auriez-vous fait à ma place?... Je lui assénai trois vigoureux coups de canne sur la tête... Il tomba le crâne fendu... Eh bien, devinez ce qui m'est arrivé?...

— Vous l'avez peut-être mangé? insinua, en riant, Clara...

— Non... on m'a traîné devant je ne sais
quels juges qui me condamnèrent à deux
mois de prison, et dix mille francs de dommages et intérêts... Pour un sale paysan !...
Et on appelle ça de la civilisation !... Est-ce
croyable?... Eh bien, merci! s'il avait fallu
que je fusse, en Afrique, condamné de la
sorte, chaque fois que j'ai tué des nègres, et
même des blancs !...

— Car vous tuiez aussi les nègres?... fit
Clara.

— Certainement, oui, adorable miss !...

— Pourquoi, puisque vous ne les mangiez
pas?

— Mais, pour les civiliser, c'est-à-dire
pour leur prendre leurs stocks d'ivoires et de
gommes... Et puis... que voulez-vous?... si
les gouvernements et les maisons de commerce qui nous confient des missions civili-
satrices, apprenaient que nous n'avons tué
personne... que diraient-ils?...

— C'est juste !... approuva le gentilhomme normand... D'ailleurs, les nègres
sont des bêtes féroces... des braconniers...
des tigres !...

— Les nègres?... Quelle erreur, cher
Monsieur !... Ils sont doux et gais... ils sont

comme des enfants... Avez-vous vu jouer des
lapins, le soir, dans une prairie, à la bordure
d'un bois?...

— Sans doute !...

— Ils ont des mouvements jolis... des
gaietés folles, se lustrent le poil avec leurs
pattes, bondissent et se roulent dans les
menthes... Eh bien, les nègres sont comme
ces jeunes lapins... c'est très gentil!...

— Pourtant, il est certain qu'ils sont
anthropophages ?... persista le gentilhomme...

— Les nègres? protesta l'explorateur....
Pas du tout!... Dans les pays noirs, il n'est
d'anthropophages que les blancs... Les
nègres mangent des bananes et broutent
des herbes fleuries. Je connais un savant
qui prétend même que les nègres ont des
estomacs de ruminants... Comment voulez-
vous qu'ils mangent de la viande, surtout de
la viande humaine?

— Alors, pourquoi les tuer? objectai-je,
car je me sentais devenir bon et plein de
pitié.

— Mais, je vous l'ai dit... pour les civiliser. Et c'était très amusant!... Quand,
après des marches, des marches, nous arri-

vions dans un village de nègres... ceux-ci
étaient fort effrayés!... Ils poussaient aussitôt des cris de détresse, ne cherchaient pas
à fuir, tant ils avaient peur, et pleuraient la
face contre terre. On leur distribuait de
l'eau-de-vie, car nous avons toujours, dans
nos bagages, de fortes provisions d'alcool...
et, lorsqu'ils étaient ivres, nous les assom-
mions!...

— Un sale coup de fusil! résuma, non
sans dégoût, le gentilhomme normand, qui,
sans doute, à cette minute, revoyait dans les
forêts du Tonkin passer et repasser le vol
merveilleux des paons...

La nuit se poursuivait dans l'éblouissement; le ciel était en feu; autour de nous,
l'océan balançait de grandes nappes de
lumière phosphorescente... Et j'étais triste,
triste de Clara, triste de ces hommes grossiers, et de moi-même, et de nos paroles,
qui offensaient le silence et la Beauté!

Tout à coup :

— Connaissez-vous Stanley? demanda
Clara à l'explorateur.

— Certainement, oui... je le connais,
répondit celui-ci.

— Et que pensez-vous de lui?

— Oh! lui!... fit-il en hochant la tête...

Et, comme si d'affreux souvenirs venaient d'envahir son esprit, il acheva·d'une voix grave :

— Il va tout de même un peu loin!..

Je sentais que le capitaine avait, depuis quelques minutes, le désir de parler... Il profita du moment de répit qui suivit cet aveu :

— Moi! dit-il... j'ai fait beaucoup mieux que tout cela... Et vos petits massacres ne sont rien auprès de ceux que l'on me devra... J'ai inventé une balle... Elle est extraordinaire. Et je l'appelle la balle Dum-Dum, du nom du petit village hindou où j'eus l'honneur de l'inventer.

— Elle tue beaucoup?... plus que les autres?... demanda Clara.

— Oh! chère miss, ne m'en parlez pas!... fit-il en riant... C'est incalculable!...

Et, modeste, il ajouta :

— Pourtant... ça n'est rien... c'est tout petit!... Figurez-vous une petite chose... comment appelez-vous?... une petite noisette... c'est cela!... Figurez-vous une toute petite noisette!.. C'est charmant...

— Et quel joli nom, capitaine!... admira Clara.

8.

— Très joli, en effet! approuva le capitaine, visiblement flatté... très poétique!...

— On dirait, n'est-ce pas?... on dirait
d'un nom de fée dans une comédie de Sha-
kespeare... La fée Dum-Dum!... cela m'enchante... Une fée rieuse, légère et toute
blonde, qui sautille, danse et bondit parmi
les bruyères et les rayons de soleil... Et,
allez donc, Dum-Dum!

— Et allez donc!... répéta l'officier...
Parfaitement! Elle va d'ailleurs très bien,
adorable miss... Et ce qu'elle a d'unique, je
crois, c'est qu'avec elle... il n'y a, pour ainsi
dire, plus de blessés.

— Ah!... ah!...

— Il n'y a plus que des morts!... Voilà
par où elle est vraiment exquise!

Il se tourna vers moi, et avec un accent
de regret, dans lequel se confondaient nos
deux patriotismes, il soupira :

— Ah! si vous l'aviez eue, en France, au
moment de cette affreuse Commune!... Quel
triomphe!...

Et passant brusquement à une autre son-
gerie :

— Je me demande parfois... si ce n'est
point un conte d'Edgar Poë, un rêve de notre

Thomas de Quincey... Mais non, puisque
cette adorable petite Dum-Dum, je l'ai
expérimentée, moi-même... Telle est l'histoire... J'ai fait placer douze Hindous...

— Vivants?

— Naturellement!... L'empereur d'Allemagne, lui, pratique ses expériences balis-
tiques sur des cadavres... Avouez que c'est
absurde et tout à fait incomplet... Moi,
j'opère sur des personnes, non seulement
vivantes, mais d'une constitution robuste et
d'une parfaite santé... Au moins, on voit ce
que l'on fait et où l'on va... Je ne suis pas
un rêveur, moi... je suis un savant!...

— Mille pardons, capitaine!... continuez
donc!...

— Donc, j'ai fait placer douze Hindous,
l'un derrière l'autre, sur une ligne géométri-
quement droite... et j'ai tiré...

— Eh bien?... interrompit Clara.

— Eh bien, délicieuse amie, cette petite
Dum-Dum a fait merveille... Des douze
Hindous, il n'en est pas resté un seul debout!... La balle avait traversé leurs douze
corps qui n'étaient plus, après le coup, que
douze tas de chair en bouillie et d'os littéra-
lement broyés... Magique, vraiment!... Et

jamais je n'avais cru à un aussi admirable succès...

— Admirable, en effet, et qui tient du prodige.

— N'est-ce pas?...

Et, songeur, après quelques secondes d'un silence émouvant...

— Je cherche, murmura-t-il, confidentiellement... je cherche quelque chose de mieux... quelque chose de plus définitif... je cherche une balle... une petite balle qui ne laisserait rien de ceux qu'elle atteint... rien... rien... rien!... Comprenez-vous?

— Comment cela? comment rien?

— Ou si peu de chose!... expliqua l'officier... à peine un tas de cendres... ou même une légère fumée roussâtre qui se dissiperait tout de suite... Cela se peut...

— Une incinération automatique, alors?

— Parfaitement!... Avez-vous songé aux avantages nombreux d'une telle invention?... De la sorte, je supprime les chirurgiens d'armée, les infirmiers, les ambulances, les hôpitaux militaires, les pensions aux blessés, etc., etc. Ce serait une économie incalculable... un soulagement pour les budgets des Etats... Et je ne parle pas de l'hygiène!... Quelle conquête pour l'hygiène!...

— Et vous pourriez appeler cette balle, la balle Nib-Nib!... m'écriai-je.

— Très joli... très joli!... applaudit l'artilleur qui, bien qu'il n'eût rien compris à cette interruption argotique, se mit à rire bruyamment, de ce brave et franc rire, qu'ont les soldats de tous les grades et de tous les pays...

Quand il se fut calmé :

— Je prévois, dit-il, que la France, lorsqu'elle aura connu ce splendide engin, va encore nous injurier dans tous ses journaux... Et ce seront les plus farouches de vos patriotes, ceux-là mêmes qui crient très haut qu'on ne dépense jamais assez de milliards pour la guerre, qui ne parlent que de tuer et de bombarder, ce seront ceux-là qui, une fois de plus, voueront l'Angleterre à l'exécration des peuples civilisés... Mais sapristi! nous sommes logiques avec notre état d'universelle barbarie... Comment!... on admet que les obus soient explosibles... et l'on voudrait que les balles ne le fussent pas!... Pourquoi?... Nous vivons sous la loi de la guerre... Or, en quoi consiste la guerre?... Elle consiste à massacrer le plus d'hommes que l'on peut, en le moins de temps possible... Pour la rendre de plus en plus meurtrière et expéditive il s'agit de trouver des engins de destruction de plus en plus formidables... C'est une question d'humanité... et c'est aussi le progrès moderne...

— Mais, capitaine, objectai-je... et le droit des gens?... Qu'en faites-vous?

L'officier ricana... et, levant les bras vers le ciel :

— Le droit des gens !... répliqua-t-il... mais c'est le droit que nous avons de massacrer les gens, en bloc, ou en détail, avec des obus ou des balles, peu importe, pourvu que les gens soient dûment massacrés !...

L'un des Chinois intervint :

— Nous ne sommes pourtant pas des sauvages ! dit-il.

— Pas des sauvages?... Et que sommes-nous d'autre, je vous prie?... Nous sommes des sauvages pires que ceux de l'Australie, puisque, ayant conscience de notre sauvagerie, nous y persistons... Et, puisque c'est, par la guerre, c'est-à-dire par le vol, le pillage et le massacre, que nous entendons gouverner, commercer, régler nos différends, venger notre honneur... Eh bien !

nous n'avons qu'à supporter les inconvé-
nients de cet état de brutalité où nous vou-
lons nous maintenir quand même... Nous
sommes des brutes, soit!... agissons en
brutes!...

Alors, Clara dit d'une voix douce et profonde :

— Et puis, ce serait un sacrilège de lutter
contre la mort... C'est si beau la mort! ·

Elle se leva, toute blanche et mystérieuse,
sous la lumière électrique du bord. Le fin et
long châle de soie qui l'enveloppait, l'enveloppait de reflets pâles et changeants.

— A demain! dit-elle encore.

Tous, nous étions autour d'elle, empressés.
L'officier lui avait pris sa main qu'il baisait...
et je détestai sa figure mâle, ses reins souples, ses jarrets nerveux, toute son allure de
force... Il s'excusa :

— Pardonnez-moi, dit-il, de m'être laissé
emporter dans un tel sujet, et d'avoir oublié
que devant une femme, telle que vous, on ne
devrait jamais parler que d'amour...

Clara répondit :

— Mais, capitaine, qui parle de la mort,
parle aussi de l'amour!...

Elle prit mon bras, et je la reconduisis

jusqu'à sa cabine, où ses femmes l'attendaient, pour la toilette de nuit...

Toute la soirée, je fus hanté de massacres
et de destruction... Mon sommeil fut fort
agité, cette nuit-là... Au dessus des bruyères
rouges, parmi les rayons d'un soleil de sang,
je vis, blonde, rieuse et sautillante, passei
la petite fée Dum-Dum... la petite fée Dum
Dum qui avait les yeux, la bouche, toute la
chair inconnue et dévoilée de Clara...

VII

Une fois, mon amie et moi, appuyés l'un près de l'autre au bastingage, nous regardions la mer et nous regardions le ciel. La journée allait bientôt finir. Dans le ciel, de grands oiseaux, des alcyons bleus, suivaient le navire en se balançant avec d'exquis mouvements de danseuse ; sur la mer, des troupes de poissons volants se levaient à notre approche et, tout brillants sous le soleil, allaient se poser plus loin, pour repartir ensuite rasant l'eau, d'un bleu de vivante turquoise, ce jour-là... Puis des bandes de méduses, des méduses rouges, des méduses vertes, des méduses pourprées, et roses, et mauves, flottaient, ainsi que des jonchées de fleurs. sur la surface molle, et si magnifiques de couleur que Clara, à chaque instant, poussait

9

des cris d'admiration en me les montrant...
Et, tout d'un coup, elle me demanda :

— Dites-moi?... Comment s'appellent ces
merveilleuses bêtes?

J'aurais pu inventer des noms bizarres,
trouver des terminologies scientifiques. Je ne
le tentai même pas...Poussé par un immédiat,
un spontané, un violent besoin de franchise :

— Je ne sais pas!... répondis-je, fermement.

Je sentais que je me perdais... que tout ce
rêve, vague et charmant qui avait bercé mes
espoirs, endormi mes inquiétudes, je le perdais aussi sans rémission... que j'allais, d'une
chute plus profonde, retomber aux fanges
inévitables de mon existence de paria... Je
sentais tout cela... Mais il y avait en moi
quelque chose de plus fort que moi, et qui
m'ordonnait de me laver de mes impostures,
de mes mensonges, de ce véritable abus de
confiance, par quoi, lâchement, criminelle-
ment, j'avais escroqué l'amitié d'un être qui
avait eu foi en mes paroles.

— Non, en vérité, je ne sais pas!... répé-
tai-je, en donnant à cette simple dénégation
un caractère d'exaltation dramatique qu'elle
ne comportait point.

— Comme vous me dites cela!... Est-ce
que vous êtes fou?... Qu'avez-vous donc?...
fit Clara, étonnée du son de ma voix et de
l'étrange incohérence de mes gestes.

— Je ne sais pas... je ne sais pas... je ne
sais pas!...

Et pour faire entrer plus de force de con-
viction dans ce triple « Je ne sais pas! », je
frappai trois fois, violemment, sur le bastingage.

— Comment, vous ne savez pas?... Un
savant... un naturaliste?...

— Je ne suis pas un savant, miss Clara...
je ne suis pas un naturaliste... je ne suis rien,
criai-je... Un misérable... oui... je suis un
misérable!... Je vous ai menti... odieuse-
ment menti... Il faut que vous connaissiez
l'homme que je suis... Ecoutez-moi...

Haletant, désordonné, je racontai ma vie...
Eugène Mortain, Mᵐᵉ G..., l'imposture de ma
mission, toutes mes malpropretés, toutes
mes boues... Je prenais une joie atroce à
m'accuser, à me rendre plus vil, plus déclassé, plus noir encore que je l'étais...
Quand j'eus terminé ce douloureux récit, je
dis à mon amie, dans un torrent de larmes:

— Maintenant, c'est fini!... vous allez me

détester... me mépriser, comme les autres...
vous vous détournerez de moi, avec dégoût...
Et vous aurez raison... et je ne me plaindrai
pas... C'est affreux !... mais je ne pouvais plus
vivre ainsi... je ne voulais plus de ce mensonge entre vous et moi...

Je pleurais abondamment... et je bégayais
des mots sans suite, comme un enfant.

— C'est affreux !... c'est affreux !... Et moi
qui... car enfin... c'est vrai, je vous le jure !...
moi qui... vous comprenez... Un engre-
nage, c'est cela... un engrenage... ç'a été un
engrenage... Je ne le savais pas, moi. Et puis
votre âme... ah ! votre âme... votre chère
âme..., et vos regards de pureté... et votre...
votre cher... oui, enfin... vous sentez bien...
votre cher accueil... C'était mon salut... ma
rédemption... ma... ma... C'est affreux...
c'est affreux !... Je perds tout cela !... C'est
affreux !...

Tandis que je parlais et que je pleurais,
miss Clara me regardait fixement. Oh ! ce
regard ! Jamais, non jamais je n'oublierai le
regard que cette femme adorable posa sur
moi... un regard extraordinaire, où il y avait
à la fois de l'étonnement, de la joie, de la
pitié, de l'amour — oui, de l'amour — et de

la malice aussi, et de l'ironie... et de tout...
un regard qui entrait en moi, me pénétrait,
me fouillait, me bouleversait l'âme et la chair.

— Eh bien! dit-elle, simplement. Ça ne
m'étonne pas trop... Et je crois, vraiment,
que tous les savants sont comme vous.

Sans cesser de me regarder, riant du rire
clair et joli qu'elle avait, un rire pareil à un
chant d'oiseau :

— J'en ai connu un, reprit-elle. C'était
un naturaliste... de votre genre... Il avait été
envoyé par le gouvernement anglais, pour
étudier, dans les plantations de Ceylan, le
parasite du caféier... Eh bien, durant trois
mois, il ne quitta pas Colombo... Il passait son
temps à jouer au poker et à se griser de
champagne.

Et son regard sur moi, un étrange, profond
et voluptueux regard, toujours sur moi, elle
ajouta, après quelques secondes de silence,
sur un ton de miséricorde, où il me sembla
que j'entendais chanter toutes les allégresses
du pardon :

— O la petite canaille!

Je ne savais plus que dire ni s'il fallait rire
ou encore pleurer, ou bien m'agenouiller à
ses pieds. Timidement, je balbutiai :

9

— Alors... vous ne m'en voulez pas?...
vous ne me méprisez pas?... vous me par-
donnez?...

— Bête! fit-elle... O la petite bête!...

— Clara!... Clara!... Est-ce possible?...
m'écriai-je, presque défaillant de bonheur.

Comme la cloche du dîner avait, depuis
longtemps, sonné, et qu'il n'y avait plus personne sur cette partie du pont, je m'approchai de Clara plus près, si près que je sentis
sa hanche frémir contre moi, et battre sa
gorge. Et saisissant ses mains qu'elle laissa
dans les miennes, tandis que mon cœur se
soulevait, en tempête, dans ma poitrine, je
m'écriai :

— Clara! Clara!... m'aimez-vous?... Ah!
je vous en supplie!... m'aimez-vous?..

Elle répliqua, faiblement :

— Je vous dirai cela, ce soir... chez
moi!...

Je vis passer, en ses yeux, une flamme
verte, une flamme terrible qui me fit peur...
Elle dégagea ses mains de l'étreinte des
miennes, et le front subitement barré d'un
pli dur, la nuque lourde, elle se tut et regarda
la mer...

A quoi pensait-elle?... Je n'en savais rien...

Et, en regardant la mer, moi aussi, je son
geais :

— Tant que j'ai été pour elle un homme
régulier, elle ne m'a pas aimé... elle ne m'a
pas désiré... Mais de la minute où elle a
compris qui j'étais, où elle a respiré la véritable et impure odeur de mon âme, l'amour
est entré en elle — car elle m'aime !!.. Allons !... allons !... Il n'y a donc de vrai que
le mal !...

Le soir était venu, puis, sans crépuscule,
la nuit. Une douceur inexprimable circulait
dans l'air. Le navire naviguait dans un
bouillonnement d'écume phosphoreuse. Du
grandes clartés effleuraient la mer... Et l'on
eût dit que des fées se levaient de la mer,
étendaient sur la mer de longs manteaux
de feu, et secouaient et jetaient, à pleines
mains, dans la mer, des perles d'or.

VIII

Un matin, en arrivant sur le pont, je distinguai, grâce à la transparence de l'atmosphère et aussi nettement que si j'en eusse foulé des pieds le sol, l'île enchantée de Ceylan, l'île verte et rouge, que couronnent les féeriques blancheurs roses du pic-d'Adam. Déjà, la veille, nous avions été avertis de son approche par les nouveaux parfums de la mer et par une mystérieuse invasion de papillons qui, après avoir accompagné durant quelques heures le navire, s'en étaient allés subitement. Et sans penser à plus, Clara et moi, nous avions trouvé exquis que l'île nous envoyât la bienvenue par l'entremise de ces éclatants et poétiques messagers. J'en étais maintenant à ce point de lyrisme sentimental, que la seule vue d'un papillon

faisait vibrer en moi toutes les harpes de la
tendresse et de l'extase.

Mais, ce matin-là, la vision réelle de
Ceylan me donna de l'angoisse, plus que de
l'angoisse, de la terreur. Ce que j'apercevais,
là-bas, par delà les flots, en ce moment
couleur de myosotis, c'était, non point un
territoire, non point un port, ni la curiosité
ardente de tout ce que suscite dans l'homme
le voile enfin levé sur de l'inconnu;...
c'était le rappel brutal à la vie mauvaise, le
retour à mes instincts délaissés, l'âpre et
désolant réveil de tout ce qui, pendant
cette traversée, avait dormi en moi... et que
je croyais mort!... C'était quelque chose de
plus douloureux à quoi je n'avais jamais
songé et dont il m'était impossible, non pas
même de comprendre, mais seulement de
concevoir l'impossible réalité : la fin du rêve
prodigieux qu'avait été pour moi l'amour de
Clara. Pour la première fois, une femme me
tenait. J'étais son esclave, je ne désirais
qu'elle, je ne voulais qu'elle. Rien n'existait plus en dehors et au delà d'elle. Au
lieu d'éteindre l'incendie de cet amour, la
possession, chaque jour, en ravivait les
flammes. Chaque fois, je descendais plus

avant dans le gouffre embrasé de son désir
et, chaque jour, je sentais davantage que
toute ma vie s'épuiserait à en chercher, à
en toucher le fond!... Comment admettre
que, après avoir été conquis — âme, corps et
cerveau — par cet irrévocable, indissoluble
et suppliciant amour, je dusse le quitter
aussitôt?... F^lie!... Cet amour était en moi,
comme ma propre chair ; il s'était substitué
à mon sang, à mes moelles; il me possédait tout entier; il était moi!... Me séparer de lui, c'était me séparer de moi-même ;
c'était me tuer... Pis encore!... C'était ce
cauchemar extravagant que ma tête fût à
Ceylan, mes pieds en Chine, séparés par des
abîmes de mer, et que je persistasse à vivre
en ces deux tronçons qui ne se rejoindraient
plus!... Que, le lendemain même, je n'eusse
plus à moi ces yeux pâmés, ces lèvres dévoratrices, le miracle, chaque nuit, plus imprévu de ce corps aux formes divines, aux
étreintes sauvages et, après les longs spasmes puissants comme le crime, profonds
comme la mort, ces balbutiements ingénus,
ces petites plaintes, ces petits rires, ces
petites larmes, ces petits chants las d'enfant
ou d'oiseau, était-ce possible?... Et je per-

drais tout cela qui m'était plus nécessaire
pour respirer que mes poumons, pour penser
que mon cerveau, pour alimenter de sang
chaud mes veines que mon cœur?... Allons
donc!... J'appartenais à Clara, comme le
charbon appartient au feu qui le dévore et le
consume... A elle et à moi cela paraissait tellement inconcevable une séparation, et si follement chimérique, si totalement contraire aux
lois de la nature et de la vie, que nous n'en
avions jamais parlé... La veille, encore, nos
deux âmes confondues ne songeaient, sans
même se le dire, qu'à l'éternité du voyage,
comme si le navire qui nous emportait dût
nous emporter ainsi, toujours, toujours... et
jamais, jamais n'arriver quelque part... Car
arriver quelque part, c'est mourir!...

Et, pourtant, voilà que j'allais descendre
là-bas, m'enfoncer là-bas, dans ce vert et
dans ce rouge, disparaître là-bas, dans cet
inconnu... plus affreusement seul que jamais!... Et voilà que Clara ne serait bientôt
plus qu'un fantôme, puis un petit point gris,
à peine visible, dans l'espace... puis rien...
puis rien... rien... rien... rien!... Ah! tout
plutôt que cela!... Ah!... que la mer nous
engloutisse tous les deux!...

Elle était douce la mer, calme et radieuse...
Elle exhalait une odeur de rivage heureux,
de verger fleuri, de lit d'amour, qui me fit
pleurer...

Le pont s'animait; rien que des physionomies joyeuses, des regards distendus par
l'attente et par la curiosité.

— Nous entrons dans la baie... nou
sommes dans la baie !...

— Je vois la côte.

— Je vois les arbres.

— Je vois le phare.

— Nous sommes arrivés... nous sommes
arrivés !...

Chacune de ces exclamations me tombait
lourdement sur le cœur... Je ne voulus pas
avoir devant moi cette vision de l'île encore
lointaine mais si implacablement nette et
dont chaque tour d'hélice me rapprochait,
et, me détournant d'elle, je contemplai l'infini du ciel où je souhaitai me perdre, ainsi
que ces oiseaux, là-bas, là-haut, qui passaient, un instant, dans l'air, et s'y fondaient
si doucement.

Clara ne tarda pas à me rejoindre... Était-
ce d'avoir trop aimé?... Était-ce d'avoir trop
pleuré? Ses paupières étaient toutes meur-

tries et ses yeux, dans leur cerne bleu, exprimaient une grande tristesse. Et il y avait
encore dans ses yeux plus que de la tristesse ;
il y avait en vérité une pitié ardente, à la
fois combative et miséricordieuse. Sous ses
lourds cheveux d'or brun, son front se bar-
rait d'un pli d'ombre, ce pli qu'elle avait
dans la volupté comme dans la douleur...
Un parfum, étrangement grisant, venait de
ses cheveux... Elle me dit, simplement, ce
seul mot...

— Déjà ?

— Hélas ! soupirai-je...

Elle acheva d'ajuster son chapeau, un
petit chapeau marin qu'elle fixa au moyen
d'une longue épingle d'or. Ses deux bras
,evés faisaient cambrer son buste, dont je vis
se dessiner les lignes sculpturales sous la
blouse blanche qui l'enveloppait... Elle reprit d'une voix qui tremblait un peu :

— Y aviez-vous pensé ?

— Non !...

Clara se mordit les lèvres où le sang
afflua :

— Et, alors ?... fit-elle.

Je ne répondis pas... je n'avais pas la force
de répondre... La tête vide, le cœur déchiré,

j'aurais voulu glisser au néant... Elle était
émue, très pâle... sauf la bouche qui me
semblait plus rouge et lourde de baisers...
Longtemps, ses yeux m'interrogèrent avec
une pesante fixité.

— Le bateau relâche deux jours à Colombo... Et puis, il repartira... le savez-
vous ?

— Oui !... oui !...

— Et puis ?...

— Et puis... c'est fini !

— Puis-je quelque chose pour vous ?

— Rien... merci ! puisque c'est fini !...

Et comprimant mes sanglots au fond de
ma gorge, je bégayai :

— Vous avez été tout, pour moi... vous
avez été, pour moi, plus que tout !... Ne me
parlez plus, je vous en conjure !... C'est trop
douloureux... trop inutilement douloureux.
Ne me parlez plus... puisque, maintenant,
tout est fini !...

— Rien n'est jamais fini, prononça
Clara... rien, pas même la mort !...

Une cloche sonna... Ah ! cette cloche !...
Comme elle sonna dans mon cœur !...
Comme elle sonna le glas de mon cœur !...

Les passagers s'empressaient sur le pont,

criaient, s'exclamaient, s'interpellaient, bra-
quaient des lorgnettes, des jumelles, des
appareils photographiques vers l'île qui se
rapprochait. Le gentilhomme normand, désignant les masses de verdures, expliquait
les jungles impénétrables au chasseur...
Et parmi le tumulte, la bousculade, indiffé-
rents et réfléchis, les mains croisées sous
leurs manches larges, les deux Chinois continuaient leur lente, leur grave promenade
quotidienne, comme deux abbés qui réci-
tent le bréviaire.

— Nous sommes arrivés !
— Hourrah!... hourrah!... nous sommes
arrivés!...
— Je vois la ville.
— Est-ce la ville?...
— Non!... c'est un récif de corail...
— Je distingue le wharf...
— Mais non!... mais non!...
— Qu'est-ce qui vient là-bas, sur la mer?

Déjà, au loin, voiles toutes roses, une petite flottille de barques s'avançait vers le paquebot... Les deux cheminées, dégorgeant des
flots de fumée noire, couvrirent d'une ombre
de deuil la mer, et la sirène gémit, longtemps... longtemps...

Personne ne faisait attention à nous...
Clara me demanda, sur un ton d'impérieuse
tendresse :

— Voyons ! qu'allez-vous devenir?

— Je ne sais pas! Et qu'importe?... J'étais
perdu... Je vous ai rencontrée... Vous
m'avez retenu quelques jours, au bord du
gouffre... J'y retombe, maintenant... C'était
fatal!...

— Pourquoi, fatal?... Vous êtes un enfant !... Et vous n'avez pas confiance en
moi... Croyez-vous donc que c'est par hasard
que vous m'avez rencontrée?...

Elle ajouta, après un silence.

— C'est si simple!... J'ai de puissants amis
en Chine... Ils pourraient, sans doute, beaucoup pour vous!... Voulez-vous que?...

Je ne lui laissai pas le temps d'achever :

— Non, pas ça !... suppliai-je, en me
défendant mollement, d'ailleurs... surtout,
pas ça!... Je vous comprends.... Ne me dites
plus rien.

— Vous êtes un enfant, répéta Clara... Et
vous parlez comme en Europe, cher petit
cœur... Et vous avez de stupides scrupules,
comme en Europe... En Chine, la vie est
libre, heureuse, totale, sans conventions

sans préjugés, sans lois... pour nous, du
moins... Pas d'autres limites à la liberté
que soi-même... à l'amour que la variété
triomphante de son désir... L'Europe et
sa civilisation hypocrite, barbare, c'est le
mensonge... Qu'y faites-vous autre chose
que de mentir, de mentir à vous-même et
aux autres, de mentir à tout ce que, dans le
fond de votre âme, vous reconnaissez être la
vérité?... Vous êtes obligé de feindre un
respect extérieur pour des personnes, des
institutions que vous trouvez absurdes...
Vous demeurez, lâchement attaché à des
conventions morales ou sociales que vous
méprisez, que vous condamnez, que vous
savez manquer de tout fondement... C'est
cette contradiction permanente entre vos
idées, vos désirs et toutes les formes mortes,
tous les vains simulacres de votre civilisation, qui vous rend tristes, troublés, déséqui-
librés... Dans ce conflit intolérable, vous
perdez toute joie de vivre, toute sensation de
personnalité,... parce que, à chaque minute,
on comprime, on empêche, on arrête le libre
jeu de vos forces... Voilà la plaie empoison-
née, mortelle, du monde civilisé... Chez nous,
rien de pareil,... vous verrez!... Je possède

10.

à Canton, parmi des jardins merveilleux, un
palais où tout est disposé pour la vie libre
et pour l'amour... Que craignez-vous?... que
laissez-vous?... qui donc s'inquiète de vous!...
Quand vous ne m'aimerez plus, ou quand
vous serez trop malheureux... vous vous en
irez!...

— Clara!... Clara!... implorai-je...

Elle frappa, d'un coup sec, le plancher du
navire :

— Vous ne me connaissez pas encore,...
dit-elle... vous ne savez pas qui je suis, et
déjà vous voulez me quitter!... Est-ce que je
vous fais peur?... Est-ce que vous êtes
lâche?

— Sans toi, je ne puis plus vivre!...
sans toi, je ne puis que mourir!...

— Eh bien!... ne tremble plus... ne pleure
plus... Et viens avec moi!...

Un éclair traversa le vert de ses prunelles.
Elle dit d'une voix plus basse, presque
rauque :

— Je t'apprendrai des choses terribles...
des choses divines... tu sauras enfin ce que
c'est que l'amour!... Je te promets que tu
descendras, avec moi, tout au fond du mystère
de l'amour... et de la mort!...

Et, souriant d'un sourire rouge qui me fit
courir un frisson dans les moelles, elle dit
encore :

— Pauvre bébé!... Tu te croyais un grand
débauché... un grand révolté... Ah! tes
pauvres remords... te souviens-tu?... Et voilà
que ton âme est plus timide que celle d'un
petit enfant!...

C'était vrai!... J'avais beau me vanter
d'être une intransigeante canaille, me croire
supérieur à tous les préjugés moraux, j'écoutais encore, parfois, la voix du devoir et de
l'honneur qui, à de certains moments de
dépression nerveuse, montait des profondeurs troubles de ma conscience... L'honneur de qui?.., le devoir de quoi?... Quel
abîme de folie que l'esprit de l'homme!...
En quoi mon honneur — mon honneur! —
était-il compromis, en quoi déserterais-je
mon devoir parce que, au lieu de me mor-
fondre à Ceylan, je poursuivrais mon voyage
jusqu'en Chine?... Est-ce que, véritablement,
j'entrais assez dans la peau d'un savant pour
imaginer que j'allais « étudier la gelée pélasgique », découvrir « la cellule », en plon-
geant dans les golfes de la côte cynghalaise?...
Cette idée tout à fait burlesque que j'eusse

pris au sérieux ma mission d'embryologiste,
me ramena vite aux réalités de ma situation... Comment!... la chance, le miracle
voulait que je rencontrasse une femme divinement belle, riche, exceptionnelle, et que
j'aimais, et qui m'aimait, et qui m'offrait une
vie extraordinaire, des jouissances à foison
des sensations uniques, des aventures liber-
tines, une protection fastueuse... le salut,
enfin.., et, plus que le salut... la joie!... Et je
laisserais échapper tout cela!... Une fois de
plus, le démon de la perversité — ce
stupide démon à qui, pour lui avoir stupidement obéi, je devais tous mes malheurs —
interviendrait encore pour me conseiller une
résistance hypocrite contre un événement
inespéré, qui tenait des contes de fées, qui
ne se retrouverait jamais plus, et dont je
souhaitais ardemment, au fond de moi-même
qu'il se réalisât ?... Non... non!... C'était
trop bête, à la fin!

— Vous avez raison, dis-je à Clara, en
mettant sur le seul compte de la défaite
amoureuse une soumission qui contentait
aussi tout mes instincts de paresse et de
débauche, vous avez raison... Je ne serais
pas digne de vos yeux, de votre bouche, de

votre âme... de tout ce paradis et de tout cet
enfer, qui est vous... si j'hésitais plus longtemps... Et puis... je ne pourrais pas... je
ne pourrais pas te perdre... Tout concevoir, hormis cela... Tu as raison... Je suis
à toi;.. emmène-moi où tu voudras...
Souffrir... mourir... il n'importe!... puisque
tu es, toi que je ne connais pas encore,
mon destin !...

— O bébé!... bébé!... bébé!... fit Clara
sur un ton singulier, dont je ne sus pas
démêler l'expression véritable, et si c'était
de la joie, de l'ironie ou de la pitié!

Puis, presque maternelle, elle me recommanda :

— Maintenant... ne vous occupez de rien
que d'être heureux... Restez-là... regardez-
l'île merveilleuse... Je vais régler avec le
commissaire votre nouvelle situation à
bord...

— Clara...

— Ne craignez rien... Je sais ce qu'il faut
dire...

Et comme j'allais émettre une objection :

— Chut!... N'êtes-vous pas mon bébé, cher
petit cœur?... Vous devez obéir.... Et puis,
vous ne savez pas...

Et elle disparut, se mêlant à la foule des
passagers entassés sur le pont, et dont beaucoup portaient déjà leurs valises et leurs
menus bagages.

Il avait été décidé que, les deux jours que
nous relâchions à Colombo, nous les passe-
rions, Clara et moi, à visiter la ville et les
environs, où mon amie avait séjourné et
qu'elle connaissait à merveille. Il y faisait
une chaleur torride, si torride que les endroits les plus frais — par comparaison —
de cet atroce pays, où des savants placent le
Paradis terrestre, tels les jardins au bord des
grèves, me parurent d'étouffantes étuves. La
plupart de nos compagnons de voyage n'osè-
rent pas affronter cette température de feu,
qui leur enlevait la moindre velléité de sortir
et jusqu'au plus vague désir de remuer. Je
les vois encore, ridicules et gémissants, dans
le grand hall de l'hôtel, le crâne couvert de
serviettes mouillées et fumantes, élégant appareil renouvelé tous les quarts d'heure,
qui transformait la plus noble partie de leur
individu en un tuyau de cheminée, couronné
de son panache de vapeur. Étendus sur des
fauteuils à bascule, sous le punka, la cervelle

liquéfiée, les poumons congestionnés, ils buvaient des boissons glacées que leur préparaient des boys, lesquels, par la couleur de la peau et la structure du corps, rappelaient les naïfs bonshommes en pain d'épice de nos foires parisiennes, tandis que, d'autres boys, de même ton et de même gabarit, éloignaient d'eux, à grands coups d'éventail, les moustiques.

Quant à moi, je retrouvai — un peu trop vite, peut-être, — toute ma gaîté, et même toute ma verve blagueuse. Mes scrupules s'étaient évanouis; je ne me sentais plus en mal de poésie. Débarrassé de mes soucis, sûr de l'avenir, je redevins l'homme que j'étais en quittant Marseille, le Parisien stupide et frondeur « à qui on ne la fait pas », le boulevardier « qui ne s'en laisse pas conter », et qui sait dire son fait à la nature... même des Tropiques !...

Colombo me parut une ville assommante, ridicule, sans pittoresque et sans mystère. Moitié protestante, moitié bouddhiste, abrutie comme un bonze et renfrognée comme un pasteur, avec quelle joie je me félicitai, intérieurement, d'avoir, par miracle, échappé à l'ennui profond que ses rues droites, son

ciel immobile, ses dures végétations déga-
geaient... Et je fis des mots d'esprit sur
les cocotiers que je ne manquai pas de comparer à d'affreux et chauves plumeaux, ainsi
que sur toutes les grandes plantes que j'accu-
sai d'avoir été taillées par de sinistres indus-
triels dans des tôles peintes et des zincs
vernis... En nos promenades à Slave-Island,
qui est le Bois de l'endroit, et à Pettah, qui
en est le quartier Mouffetard, nous ne ren-
contrâmes que d'horribles Anglaises d'opérette, fagotées de costumes clairs, mi-hin-
dous, mi-européens, du plus carnavalesque
effet; et des Cynghalaises, plus horribles
encore que les Anglaises, vieilles à douze
ans, ridées comme des pruneaux, tordues
comme de séculaires ceps de vigne, effon-
drées comme des paillottes en ruine, avec
des gencives en plaies saignantes, des lèvres
brûlées par la noix d'areck et des dents couleur de vieille pipe... Je cherchai en vain les
femmes voluptueuses, les négresses aux savantes pratiques d'amour, les petites dentellières si pimpantes, dont m'avait parlé ce
menteur d'Eugène Mortain, avec des yeux si
significativement égrillards... Et je plaignis
de tout mon cœur les pauvres savants que

l'on envoie ici, avec la problématique mission de conquérir le secret de la vie.

Mais je compris que Clara ne goûtait pas
ces plaisanteries faciles et grossières, et je
crus prudent de les atténuer, ne voulant ni
la blesser dans son culte fervent de la nature,
ni me diminuer dans son esprit. A plusieurs
reprises, j'avais remarqué qu'elle m'écoutait
avec un étonnement pénible.

— Pourquoi donc êtes-vous si gai? m'avait-
elle dit... Je n'aime pas qu'on soit gai ainsi,
cher petit cœur... Cela me fait du mal...
Quand on est gai, c'est que l'on n'aime pas...
L'amour est une chose grave, triste et profonde...

Ce qui ne l'empêchait pas, d'ailleurs,
d'éclater de rire à propos de tout ou à
propos de rien...

C'est ainsi qu'elle m'encouragea fort dans
une mystification dont j'eus l'idée et que
voici.

Parmi les lettres de recommandation que
j'avais emportées de Paris, s'en trouvait une
pour un certain sir Oscar Terwick, lequel,
entre autres titres scientifiques, était, à Colombo, le président de l'*Association of the
tropical embryology and of the british entomo-*

11

logy. A l'hôtel où je me renseignai, j'appris,
en effet, que sir Oscar Terwick était un homme considérable, auteur de travaux renom-
més, un très grand savant, en un mot. Je
résolus de l'aller voir. Une telle visite ne pouvait plus m'être dangereuse, et puis je n'étais
pas fâché de connaître, de toucher un véritable embryologiste. Il demeurait loin, dans un
faubourg appelé Kolpetty et qui est, pour
ainsi dire, le Passy de Colombo. Là, au milieu de jardins touffus, ornés de l'inévitable
cocotier, dans des villas spacieuses et bizarres, habitent les riches commerçants et
les notables fonctionnaires de la ville. Clara
désira m'accompagner. Elle m'attendit, en
voiture, non loin de la maison du savant, sur
une sorte de petite place ombragée par
d'immenses tecks.

Sir Oscar Terwick me reçut poliment, —
sans plus.

C'était un homme très long, très mince,
très sec, très rouge de visage, et dont la
barbe blanche descendait jusqu'au nombril,
coupée carrément, ainsi qu'une queue de
poney. Il portait un large pantalon de soie
jaune, et son torse velu s'enveloppait dans

une sorte de châle de laine claire. Il lut avec
gravité la lettre que je lui remis et, après
m'avoir examiné du coin de l'œil avec un
air méfiant. — se méfiait-il de moi ou de lui?
— il me demanda :

— Vô... etè... embryologist?...

Je m'inclinai en signe d'assentiment...

— *All right!* gloussa-t-il...

Et faisant le geste de traîner un filet dans
la mer, il reprit .

— Vô... eté... embryologist?... Yès...
Vô... comme ça... dans le mer... *fish...*
fish... *little fish?*

— *Little fish...* parfaitement... *little fish...*
appuyai-je, en répétant le geste imitatif du
savant.

— Dans le mer?...

— Yès!... Yès...

— Très intéressant!... très joli..., très
curious!... Yès!

Tout en jargonnant de la sorte — et con-
tinuant, tous les deux, de traîner « dans le
mer » nos chimériques filets, — le considérable savant m'amena devant une console
de bambou, sur laquelle étaient rangés trois
bustes de plâtre, couronnés de lotus artifi-
ciels. Les désignant du doigt, successive-

ment, il me les présenta, sur un ton de gravité si comique que je faillis éclater de rire.

— Master Darwin!... très grand nat'raliste... très, très... grand!... Yès!...

Je saluai profondément.

— Master Haeckel... très grand nat'raliste... Pas si que loui, non!... Mais très grand!... Master Haeckel ici... comme ça... loui... dans le mer... *little fish*...

Je saluai encore. Et d'une voix plus forte, il cria, en posant toute sa main, rouge comme un crabe, sur le troisième buste :

— Master Coqueline!... très grand nat'raliste... du miouséum... comment appelez?... du miouséum Grévin... Yès!... Grévine!... Très joli... très curious!...

— Très int'réssant! confirmai-je.

— Yès!...

Après quoi il me congédia.

Je fis à Clara le récit détaillé et mimé de cette étrange entrevue... Elle rit comme une folle.

— O bébé!... bébé... bébé... que vous êtes drôle, cher petit voyou!...

Ce fut le seul épisode scientifique de ma

mission. Et je compris alors ce que c'était
que l'embryologie!

Le lendemain matin, après une sauvage
nuit d'amour, nous reprenions la mer, en
route vers la Chine.

DEUXIÈME PARTIE

LE JARDIN DES SUPPLICES

I

— Pourquoi ne m'avez-vous pas encore parlé de notre chère Annie?... Ne lui avez-vous pas appris mon arrivée ici?... Est-ce qu'elle ne viendra pas aujourd'hui?... Est-ce qu'elle est toujours belle?

— Comment?... Vous ne savez pas?... Mais Annie est morte, cher petit cœur...

— Morte! m'écriai-je... Ce n'est pas possible... Vous voulez me taquiner...

Je regardai Clara. Divinement calme et

jolie, nue dans une transparente tunique de
soie jaune, elle était mollement couchée sur
une peau de tigre. Sa tête reposait parmi des
coussins, et de ses mains, chargées, de ba-
gues, elle jouait avec une longue mèche de
ses cheveux déroulés. Un chien du Laos,
aux poils rouges, dormait auprès d'elle, le
museau sur sa cuisse, une patte sur son sein.

— Comment?... reprit Clara... vous ne
saviez pas?... Comme c'est drôle!

Et, toute souriante, avec des étirements de
souple animal, elle m'expliqua :

— Ce fut quelque chose d'horrible, chéri!
Annie est morte de la lèpre... de cette lèpre
effrayante qu'on appelle l'éléphantiasis...
car tout est effrayant ici... l'amour, la mala-
die... la mort... et les fleurs!... Jamais je
n'ai tant, tant pleuré, je vous assure.... Je
l'aimais tant, tant! Et elle était si belle, si
étrangement belle!...

Elle ajouta, dans un long et gracieux soupir :

— Jamais plus nous ne connaîtrons le
goût si âpre de ses baisers!... C'est un grand
malheur!

— Alors... c'est donc vrai?... balbutiai-je..
Mais comment cela est-il arrivé?

— Je ne sais... Il y a tant de mystères
ici... tant de choses qu'on ne comprend
pas... Toutes les deux, nous allions souvent, le soir, sur le fleuve... Il faut vous dire
qu'il y avait alors dans un bateau de fleurs...
une bayadère de Benarès... une affolante
créature, chéri, à qui des prêtres avaient
enseigné certains rites maudits des anciens
cultes brahmaniques... C'est peut-être cela...
ou autre chose... Une nuit que nous reve-
nions du fleuve, Annie se plaignit de très
vives douleurs à la tête et aux reins. Le lendemain, son corps était tout couvert de
petites taches pourprées... Sa peau, plus rose
et d'une plus fine pulpe que la fleur de l'al-
thœa, se durcit, s'épaissit, s'enfla, devint
d'un gris cendreux... de grosses tumeurs, de
monstrueux tubercules la soulevèrent. C'était
quelque chose d'épouvantable. Et le mal qui,
d'abord, s'était attaqué aux jambes, gagna
les cuisses, le ventre, les seins, le visage...
Oh! son visage, son visage!... Figurez-vous
une poche énorme, une outre ignoble, toute
grise, striée de sang brun... et qui pendait et
qui se balançait au moindre mouvement de
la malade... De ses yeux — ses yeux, cher
amour ! — on ne voyait plus qu'une mince

boutonnière rougeâtre et suintante... Je me
demande encore si c'est possible!

Elle enroula autour de ses doigts la mèche
dorée. Dans un mouvement, la palte du
chien·endormi, ayant glissé sur la soie,
découvrit entièrement le globe du sein qui
darda sa pointe, rose comme une jeune fleur.

— Oui, je me demande encore, parfois, si
ie ne rêve pas... dit-elle.

—Clara... Clara! suppliai-je, éperdu d'horreur... ne me dites plus rien... Je voudrais
que l'image de notre divine Annie restât
intacte dans mon souvenir... Comment
ferai-je, maintenant, pour éloigner de ma
pensée ce cauchemar?... Ah! Clara, ne dites
plus rien, ou parlez-moi d'Annie, quand elle
était si belle... quand elle était trop belle!...

Mais Clara ne m'écoutait pas. Elle poursuivit :

— Annie s'isola... se claustra dans sa maison, seule avec une gouvernante chinoise
qui la soignait... Elle avait renvoyé toutes
ses femmes et ne voulait plus voir personne... pas même moi... Elle fit venir les
plus habiles praticiens d'Angleterre... En
vain, vous pensez bien... Les plus célèbres
sorciers du Thibet, ceux-là qui connaissent

les paroles magiques et ressuscitent les morts, se déclarèrent impuissants... On ne guérit jamais de ce mal, mais on n'en meurt pas non plus... C'est affreux !... Alors elle se tua... Quelques gouttes de poison, et ce fut fini de la plus belle des femmes.

L'épouvante me clouait les lèvres. Je regardai Clara, sans avoir l'idée d'une seule parole.

— J'ai appris de cette Chinoise, continua Clara, un détail vraiment curieux... et qui m'enchante... Vous savez combien Annie aimait les perles... Elle en possédait d'incomparables... les plus merveilleuses, je crois, qui fussent au monde... Vous vous souvenez aussi avec quelle sorte de joie physique, de spasme charnel, elle s'en parait... Eh bien, malade, cette passion lui était devenue une folie... une fureur... comme l'amour !... Toute la journée, elle se plaisait à les toucher, à les caresser, à les baiser; elle s'en faisait des coussins, des colliers, des pèlerines, des manteaux... Mais il arriva cette chose extraordinaire; les perles mouraient sur sa peau... elles se ternissaient d'abord, peu à peu.... peu à peu s'éteignaient... aucune lumière ne se reflétait plus en leur orient...

et, en quelques jours, atteintes de la lèpre,
elles se changeaient en de menues boules de
cendre... Elles étaient mortes... mortes
comme des personnes, mon cher amour...
Saviez-vous qu'il y eût des âmes dans les
perles?... Moi je trouve cela affolant et délicieux... Et, depuis, j'y pense tous les jours...

Après un court silence, elle reprit :

— Et ce n'est pas tout!... Maintes fois,
Annie avait manifesté le désir d'être emportée, quand elle serait morte, au petit
cimetière des Parsis... là-bas... sur la colline du Chien Bleu... Elle voulait que son
corps fût déchiré par le bec des vautours...
Vous savez combien elle avait des idées sin-
gulières et violentes en toutes choses!...
Eh bien, les vautours refusèrent ce festin
royal, qu'elle leur offrait... Ils s'éloignèrent,
en poussant d'affreux cris, de son cadavre...
Il fallut le brûler...

— Mais, pourquoi ne m'avez-vous pas
écrit tout cela? reprochai-je à Clara.

Avec des gestes lents et charmants, Clara
lissa l'or roux de ses cheveux, caressa la
fourrure rouge du chien qui s'était réveillé,
et elle dit négligemment :

— Vraiment?.., Je ne vous avais rien écrit

de tout cela?...Vous êtes sûr?... Je l'ai oublié
sans doute... Pauvre Annie!

Elle dit encore :

— Depuis ce grand malheur... tout m'ennuie ici... Je suis trop seule... Je voudrais
mourir... mourir... moi aussi... Ah, je vous
assure!... Et si vous n'étiez pas revenu, je
crois bien que je serais déjà morte...

Elle renversa sa tête sur les coussins,
agrandit l'espace nu de sa poitrine..., et
avec un sourire... un étrange sourire d'enfant et de prostituée, tout ensemble :

— Est-ce que mes seins vous plaisent toujours?... Est-ce que vous me trouvez toujours
belle?... Alors, pourquoi êtes-vous parti si...
si longtemps? Oui... oui... je sais... ne dites
rien... ne répondez rien... je sais... Vous êtes
une petite bête, cher amour!...

J'aurais bien voulu pleurer; je ne le pus...
J'aurais bien voulu parler encore; je ne le
pus davantage...

Et nous étions dans le jardin, sous le
kiosque doré, où des glycines retombaient
en grappes bleues, en grappes blanches; et
nous finissions de prendre le thé... D'é-
tincelants scarabées bourdonnaient dans
les feuilles, des cétoines vibraient et mou-

12

raient au cœur pâmé des roses, et, par la
porte ouverte, du côté du nord, nous
voyions se lever d'un bassin, autour duquel
dormaient des cigognes dans une ombre molle
et toute mauve, les longues tiges des iris
jaunes, flammés de pourpre.

Tout à coup, Clara me demanda :

—Voulez-vous que nous allions donner à
manger aux forçats chinois?... C'est très
curieux... très amusant... C'est même la
seule distraction vraiment originale et élégante que nous ayons, dans ce coin perdu
de la Chine... voulez-vous, petit amour?...

Je me sentais fatigué, la tête lourde, tout
mon être envahi par la fièvre de cet
effrayant climat... De plus, le récit de la
mort d'Annie m'avait bouleversé l'âme...
Et, la chaleur, au dehors, était mortelle
comme un poison...

— J'ignore ce que vous me demandez,
chère Clara... mais je ne suis pas remis de
ce long voyage à travers les plaines et les
plaines... les forêts et les forêts... Et ce
soleil... je le redoute plus que la mort!...
Et puis, j'aurais tant voulu être tout à
vous... et que vous fussiez tout à moi, aujourd'hui...

— C'est cela!... Si nous étions en Eùrope, et que je vous eusse demandé de m'accompagner aux courses, au théâtre, vous n'auriez pas hésité... Mais, c'est bien plus beau que les courses.

— Soyez bonne!... Demain, voulez-vous?

— Oh! demain... répondit Clara, avec des moues étonnées et des airs de doux reproche... toujours demain!...Vous ne savez donc pas que c'est impossible demain?... Demain?... mais c'est tout à fait défendu... Les portes du bagne sont fermées... même pour moi... On ne peut donner à manger aux forçats que le mercredi; comment ne le savez-vous pas?... Si nous manquons cette visite aujourd'hui, il nous faudra attendre, toute une longue, longue semaine... Comme ce serait ennuyeux!... Toute une semaine, pensez donc!... Venez, petite chiffe adorée... oh! venez, je vous en prie...Vous pouvez bien faire cela pour moi...

Elle se souleva à demi, sur les coussins... La tunique écartée laissa voir, plus bas que la taille, entre les nuages de l'étoffe, des coins de sa chair ardente et rose. D'une bonbonnière d'or, posée sur un plateau de laque, elle tira, du bout de ses doigts, un

cachet de quinine, et, m'ordonnant de m'ap-
procher, elle le porta, gentiment, à mes
lèvres.

— Vous verrez comme c'est passionnant... tèllement passionnant !... Vous
n'avez pas idée, chéri... Et comme je vous
aimerai mieux ce soir... comme je l'aimerai
follement, ce soir !... Avale, cher petit cœur...
avale...

Et comme j'étais toujours triste, hésitant,
pour vaincre mes dernières résistances, elle
dit, avec des lueurs sombres, dans ses
yeux...

— Écoute !... J'ai vu pendre des voleurs
en Angleterre, j'ai vu des courses de taureaux et garotter des anarchistes en Espa-
gne... En Russie, j'ai vu fouetter par des
soldats, jusqu'à la mort, de belles jeunes
filles... En Italie, j'ai vu des fantômes
vivants, des spectres de famine déterrer des
cholériques et les manger avidement... J'ai
vu, dans l'Inde, au bord d'un fleuve, des
milliers d'êtres, tout nus, se tordre et mourir
dans les épouvantes de la peste... A Berlin,
un soir, j'ai vu une femme que j'avais aimée
la veille, une splendide créature en maillot
rose, je l'ai vue, dévorée par un lion, dans

une cage... Toutes les terreurs, toutes les
tortures humaines, je les ai vues... C'était
très beau!... Mais je n'ai rien vu de si beau...
comprends-tu?... que ces forçats chinois...
c'est plus beau que tout!... Tu ne peux pas
savoir... je te dis que tu ne peux pas savoir...
Annie et moi, nous ne manquions jamais un
mercredi... Viens, je t'en prie!

— Puisque c'est si beau, ma chère Clara...
et que cela vous fait tant de plaisir... répondis-je mélancoliquement... allons donner à
manger aux forçats...

— Vrai, tu veux bien?...

Clara manifesta sa joie, en tapant dans
ses mains, comme un baby à qui sa gouvernante vient de permettre de torturer un
petit chien. Puis elle sauta sur mes genoux,
caressante et féline, m'entoura le cou de ses
bras nus... Et sa chevelure m'inonda, m'a-
veugla le visage de flammes d'or et de grisants parfums...

— Que tu es gentil... cher... cher amour...
Embrasse mes lèvres... embrasse ma nuque... embrasse mes cheveux... cher petit
voyou!...

Sa chevelure avait une odeur animale si
puissante et de si électriques caresses que son

seul contact, sur ma peau, me faisait instantanément oublier fièvres, fatigues et douleurs... et je sentais aussitôt circuler, galo-
per en mes veines d'héroïques ardeurs et des
forces nouvelles...

— Ah! comme nous allons nous amuser, chère petite âme... Quand je vais aux
forçats... ça me donne le vertige... et j'ai
dans tout le corps, des secousses pareilles à
de l'amour... Il me semble, vois-tu... il me
semble que je descends au fond de ma
chair... tout au fond des ténèbres de ma
chair... Ta bouche... donne-moi ta bou
che... ta bouche... ta bouche... ta bou
che!...

Et leste, preste, impudique et joyeuse,
suivie du chien rouge qui bondissait, elle alla
se remettre aux mains des femmes, chargées
de l'habiller...

Je n'étais plus très triste, je n'étais plus
très las... Le baiser de Clara, dont j'avais,
sur les lèvres, le goût — comme un magique
goût d'opium — insensibilisait mes souf-
frances, ralentissait les pulsations de ma
fièvre, éloignait jusqu'à l'invisible l'image
monstrueuse d'Annie morte... Et je regardai
le jardin d'un regard apaisé...

Apaisé?...

Le jardin descendait en pentes douces, orné partout d'essences rares et de précieuses plantes... Une allée d'énormes camphriers partait du kiosque où j'étais, aboutissait à une porte rouge, en forme de temple, qui donnait sur la campagne... Entre les branches feuillues des arbres gigantesques masquant, à gauche, la vue, j'apercevais, par places, le fleuve qui luisait, comme de l'argent poli, sous le soleil... J'essayai de m'intéresser aux multiples décorations du jardin... à ses fleurs étranges, à ses monstrueuses végétations... Un homme traversa l'allée, qui conduisait en laisse deux panthères indolentes... Ici, au milieu d'une pelouse, se dressait un immense bronze, représentant je ne sais quelle divinité, obscène et cruelle... Là, des oiseaux, grues à manteau bleu, toucans à gorge rouge de l'Amérique tropicale, faisans vénérés, canards casqués et cuirassés d'or, vêtus de pourpres éclatantes comme d'antiques guerriers, longirostres multicolores, cherchaient l'ombre, au bord des massifs... Mais, ni les oiseaux, ni les fauves, ni les Dieux, ni les fleurs ne pouvaient fixer mon attention, ni le

bizarre palais qui, à ma droite, entre les
cedrèles et les bambous, superposait ses
claires terrasses garnies de fleurs, ses bal-
cons ombreux et ses toits coloriés... Ma
pensée était ailleurs... très loin, très loin...
par delà les mers et les forêts... Elle était en
moi... sombrée en moi... au plus profond de
moi !...

Apaisé ?...

A peine Clara eut-elle disparu derrière
les feuillages du jardin que le remords
d'être là me saisit... Pourquoi étais-je revenu?... A quelle folie, à quelle lâcheté
avais-je donc obéi?... Elle m'avait dit un
jour, vous vous souvenez, sur le bateau :
« Quand vous serez trop malheureux, vous
vous en irez! »... Je me croyais fort de tout
mon passé infâme... et je n'étais, en effet,
qu'un enfant débile et inquiet... Malheureux?... Ah oui! je l'avais été, jusqu'aux
pires tortures, jusqu'au plus prodigieux
dégoût de moi-même... Et j'étais parti!...
Par une ironie vraiment persécutrice, j'avais
profité, pour fuir Clara, du passage à Canton d'une mission anglaise — j'étais décidé-
ment voué aux missions — qui allait explorer
les régions peu connues de l'Annam... C'était

l'oubli, peut-être... et peut-être la mort.
Durant deux années, deux longues et cruelles
années, j'avais marché... marché... Et ce
n'avait été ni l'oubli, ni la mort... Malgré
les fatigues, les dangers, la fièvre maudite,
pas un jour, pas une minute, je n'avais pu
me guérir de l'affreux poison qu'avait déposé, dans ma chair, cette femme dont je
sentais que ce qui m'attachait à elle, que ce
qui me rivait à elle, c'était l'effrayante pourriture de son âme et ses crimes d'amour,
qui était un monstre, et que j'aimais d'être
un monstre!... J'avais cru — l'ai-je cru vraiment? — me relever par son amour... et
voilà que j'étais descendu plus bas, au fond
du gouffre empoisonné dont, quand on en
a une fois respiré l'odeur, on ne remonte
jamais plus. Souvent, au fond des forêts,
hanté de la fièvre, après les étapes, — sous
ma tente, — j'avais cru tuer, par l'opium, la
monstrueuse et persistante image... Et
l'opium me l'évoquait plus formelle, plus
vivante, plus impérieuse que jamais... Alors,
je lui avais écrit des lettres folles, injurieuses,
imprécatoires, des lettres où l'exécration la
plus violente se mêlait à la plus soumise adoration... Elle m'avait répondu des lettres

charmantes, inconscientes et plaintives, que
je trouvais, parfois, dans les villes et les
postes où nous passions... Elle-même se
disait malheureuse de mon abandon... pleu-
rait, suppliait... me rappelait. Elle ne trouvait pas d'autres excuses que celle-ci :
« Comprends donc, mon chéri, — m'écrivait-
elle, — que je n'ai pas l'âme de ton affreuse
Europe... Je porte, en moi, l'âme de la vieille
Chine, qui est bien plus belle.., Est-ce désolant que tu ne puisses te faire à cette
idée? »... J'appris, ainsi, par une de ses
lettres, qu'elle avait quitté Canton où elle ne
pouvait plus vivre sans moi, pour venir avec
Annie habiter une ville plus au sud de
la Chine, « qui était merveilleuse »... Ah!
comment ai-je pu si longtemps résister au
mauvais désir d'abandonner mes compagnons et de gagner cette ville maudite et
sublime, ce délicieux et torturant enfer,
où Clara respirait, vivait... en des voluptés
inconnues et atroces, dont je mourais maintenant de ne plus prendre ma part... Et
j'étais revenu à elle, comme l'assassin
revient au lieu même de son crime...

Des rires dans le feuillage, de petits cris...

un bondissement de chien... C'était Clara...
Elle était vêtue, moitié à la chinoise, moitié
à l'européenne... Une blouse de soie mauve
pâle, semée de fleurs à peine dorées, l'enveloppait de mille plis, tout en dessinant son
corps svelte et ses formes pleines... Elle
avait un grand chapeau de paille blonde, au
fond duquel son visage apparaissait, pareil à
une fleur rose dans de l'ombre claire... Et ses
petits pieds étaient chaussés de peau jaune...

Quand elle entra dans le kiosque, ce fut
comme une explosion de parfums...

— Vous me trouvez drôlement fagotée,
n'est-ce pas?... O l'homme triste d'Europe,
qui n'a pas ri, une seule fois, depuis qu'il est
de retour... Est-ce que je ne suis pas belle?...

Comme je ne me levais pas du divan où
je m'étais allongé :

— Vite! vite!... mon chéri... Car il faut
que nous fassions le grand tour... Je mettrai
mes gants en route... Allons... venez!...
Non... non... pas vous!... ajouta-t-elle, en
repoussant doucement le chien qui jappait,
bondissait, frétillait de la queue...

Elle appela un boy et lui recommanda de
nous suivre avec le panier à viande et la
petite fourche.

— Ah! m'expliqua-t-elle... très amusant!... Un amour de panier tressé par le meilleur vannier de la Chine... et la fourche... tu vas voir, une amour de petite fourche dont les dents sont de platine incrusté d'or, et le manche de jade vert.. vert comme le ciel aux premières lueurs du matin... vert comme étaient les yeux de la pauvre Annie !... Allons ne faites pas cette vilaine figure d'enterrement, chéri... et venez vite... vite...

Et nous nous mîmes en marche par le soleil, par l'affreux soleil qui noircissait l'herbe, fanait toutes les pivoines du jardin, et me pesait au crâne, ainsi qu'un lourd casque de plomb.

II

Le bagne est de l'autre côté de la rivière
qui, au sortir de la ville, déroule lentement,
sinistrement, entre des berges plates, ses
eaux pestilentielles et toutes noires. Pour
s'y rendre, il faut faire un long détour,
atteindre un pont sur lequel tous les mer-
credis, au milieu d'une affluence considérable de personnes élégantes, se tient le
marché de la Viande-aux-Forçats.

Clara avait refusé le palanquin. Nous descendîmes, à pied, le jardin situé hors l'enceinte de la cité et, par un sentier, bordé ici
de pierres brunes, là d'épaisses haies de
roses blanches ou de troènes taillés, nous
gagnâmes les faubourgs, à cet endroit où la
ville diminuée se fait presque la campagne,
où les maisons, devenues des cahutes, s'es-

13

pacent, de loin en loin, dans de petits enclos,
treillagés de bambous. Ce ne sont, ensuite,
que vergers en fleurs, cultures de .maraî-
chers ou terrains vagues. Des hommes nus
jusqu'à la ceinture, coiffés de chapeaux en
forme de cloche, travaillaient péniblement
sous le soleil, et plantaient des lis, — ces
beaux lis tigrés dont les pétales ressemblent
à des pattes d'araignée marine, et dont les
bulbes savoureux servent à la nourriture des
riches. Nous passâmes ainsi devant quelques
misérables hangars où des potiers tournaient
des pots, où des trieurs de chiffons, accroupis, parmi de vastes corbeilles, invento-
riaient la récolte du matin, tandis que passait et repassait au-dessus d'eux, une bande
de corors affamés et croassants. Plus loin,
sous un énorme figuier, nous vîmes, assis
à la margelle d'une fontaine, un doux et
méticuleux vieillard qui lavait des oiseaux.
A chaque instant, nous croisions des palan-
quins qui transportaient vers la ville des
matelots européens, déjà ivres. Et, derrière
nous, ardente et tassée, escaladant la haute
colline, la ville, avec ses temples et ses
étranges maisons rouges, vertes, jaunes,
crépitait dans la lumière.

Clara marchait vite, sans pitié pour ma fatigue, sans souci du soleil qui embrasait l'atmosphère et, malgré nos parasols, nous brûlait la peau; elle marchait libre, souple, hardie, heureuse. Parfois, sur un ton de reproche enjoué, elle me disait :

— Que vous êtes lent, chéri... Dieu que vous êtes lent!... Vous n'avancez pas... Pourvu que les portes du bagne ne soient pas ouvertes quand nous arriverons et que les forçats ne soient pas gavés!... Ce serait affreux!... Oh! comme je vous détesterais!

De temps en temps, elle me donnait des pastilles d'hamamelis, dont la vertu est d'activer la respiration, et, les yeux moqueurs :

— Oh! petite femme!... petite femme... petite femme de rien du tout!

Puis, moitié rieuse, moitié fâchée, elle se mettait à courir... Et j'avais beaucoup de peine à la suivre... Plusieurs fois, je dus m'arrêter et reprendre haleine. Il me semblait que mes veines se rompaient, que mon cœur éclatait dans ma poitrine.

Et Clara répétait, de sa voix gazouilleuse :

— Petite femme!... Petite femme de rien du tout!...

Le sentier débouche sur le quai du fleuve.
Deux grands steamers débarquaient du charbon et des marchandises d'Europe ; quelques
jonques appareillaient pour la pêche ; une
nombreuse flottille de sampangs, avec ses
tentes bigarrées, dormait à l'ancre, bercée
par le léger clapotement de l'eau. Pas un
souffle ne passait dans l'air.

Ce quai m'offensa. Il était sale et défoncé,
couvert de poussière noire, jonché de vidures
de poisson. De puantes odeurs, des bruits
de rixes, des chants de flûte, des abois de
chien nous arrivaient du fond des taudis qui
le bordent : maisons de thé vermineuses,
boutiques en coupe-gorge, factoreries louches. Clara me montra, en riant, une sorte de
petite échoppe où l'on vendait, étalés sur des
feuilles de caladium, des portions de rats et
des quartiers de chiens, des poissons pourris,
des poulets étiques, enduits de copal, des
régimes de bananes et des chauve-souris saignantes, enfilées sur de mêmes broches...

A mesure que nous avançions, les odeurs
se faisaient plus intolérables, les ordures
plus épaisses. Sur le fleuve, les bateaux se
pressaient, se tassaient, mêlant les becs
sinistres de leurs proues et les lambeaux

déchirés de leurs pauvres voilures. Là vivait
une population dense — pêcheurs et pirates
— affreux démons de la mer, au visage bou-
cané, aux lèvres rougies par le bétel, et dont
les regards vous donnaient le frisson. Ils
jouaient aux dés, hurlaient, se battaient;
d'autres, plus pacifiques, éventraient des
poissons qu'ils faisaient ensuite sécher au
soleil, en guirlandes, sur des cordes...
D'autres encore, dressaient des singes à
faire mille gentillesses et obscénités.

— Amusants, pas?... me dit Clara... Et
ils sont plus de trente mille qui n'ont pas
d'autre domicile que leurs bateaux!... Par
exemple, le diable seul sait ce qu'ils font!...

Elle releva sa robe, découvrit le bas de sa
jambe agile et nerveuse, et, longtemps, nous
suivîmes l'horrible chemin, jusqu'au pont
dont les surconstructions bizarres et les cinq
arches massives, peintes de couleurs violentes, enjambent la rivière, sur laquelle, au
gré des remous et des courants, tournent,
tournent et descendent de grands cercles
huileux.

Sur le pont, le spectacle change, mais
l'odeur s'aggrave, cette odeur si particulière
à toute la Chine et qui, dans les villes, les

13.

forêts et les plaines, vous fait songer, sans cesse, à la pourriture et à la mort.

De petites boutiques imitant les pagodes, des tentes en forme de kiosque, drapées d'étoffes claires et soyeuses, d'immenses parasols, plantés sur des chariots et des éventaires roulants, se pressent les uns contre les autres. Dans ces boutiques, sous ces tentes et ces parasols, de gros marchands, à ventre d'hippopotame, vêtus de robes jaunes, bleues, vertes, hurlant et tapant sur des gongs, pour attirer les clients, débitent des charognes de toute sorte : rats morts, chiens noyés, quartiers de cerfs et de chevaux, purulentes volailles, entassés, pêle-mêle, dans de larges bassines de bronze.

— Ici... ici... par ici!... venez par ici!... Et regardez!... et choisissez!... Nulle part vous n'en trouverez de meilleure... Il n'y en a pas de plus corrompue.

Et, fouillant dans les bassines, ils brandissent, comme des drapeaux, au bout de longs crochets de fer, d'ignobles quartiers de viande sanieuse, et, avec d'atroces grimaces qu'accentuent les rouges balafres de leurs visages peints ainsi que des masques, ils répètent parmi le retentissement enragé des gongs et les clameurs concurrentes :

— Ici... ici... par ici!... Venez par ici...
et regardez... et choisissez... Nulle part,
vous n'en trouverez de meilleure... Il n'y en
a pas de plus corrompue...

Dès que nous fûmes engagés sur le pont,
Clara me dit :

— Ah! tu vois, nous sommes en retard.
C'est de ta faute!... Dépêchons-nous.

En effet, une foule nombreuse de Chi-
noises et, parmi elles, quelques Anglaises
et quelques Russes — car il n'y avait que
fort peu d'hommes, hormis les commission-
naires — grouillait sur le pont. Robes brodées de fleurs et de métamorphoses, ombrelles multicolores, éventails agiles comme
des oiseaux, et des rires, et des cris, et de la
joie, et de la lutte, tout cela vibrait, cha-
toyait, chantait, voletait dans le soleil, telle
une fête de vie et d'amour.

— Ici... ici... par ici!... Venez par ici!...

Ahuri par la bousculade, étourdi par le
glapissement des marchands et les vibrations sonores des gongs, il fallut presque me
battre pour pénétrer dans la foule et pour
protéger Clara contre les insultes des unes,
les coups des autres. Combat grotesque, en

vérité, car j'étais sans résistance et sans
force, et je me sentais emporté dans ce tumulte humain aussi facilement que l'arbre
mort roulé dans les eaux furieuses d'un torrent... Clara, elle, se jetait au plus fort de la
mêlée. Elle subissait le brutal contact et,
pour ainsi dire, le viol de cette foule, avec
un plaisir passionné... Un moment, elle
s'écria, glorieusement :

— Vois, chéri... ma robe est toute dé
chirée... C'est délicieux !

Nous eûmes beaucoup de peine à nous
frayer un passage jusqu'aux boutiques en-
combrées, assiégées, comme pour un pillage

— Regardez et choisissez !... Nulle part
vous n'en trouverez de meilleure.

— Ici... ici... par ici !... Venez par ici !...

Clara prit l'amour de petite fourche des
mains du boy qui nous suivait avec son
amour de panier, et elle piqua dans les
bassines :

— Pique aussi, toi !... pique, cher
amour !...

Je crus que le cœur allait me manquer, à
cause de l'épouvantable odeur de charnier
qui s'exhalait de ces boutiques, de ces bassines remuées, de toute cette foule, se ruant

aux charognes, comme si c'eût été des fleurs.

— Clara, chère Clara! implorai-je... Partons d'ici, je vous en prie!

— Oh! comme vous êtes pâle! Et pour quoi?... N'est-ce donc pas très amusant?...

— Clara... chère Clara!... insistai-je... Partons d'ici, je vous en supplie!... Il m'est impossible de supporter plus longtemps cette odeur.

— Mais cela ne sent pas mauvais, mon amour... Cela sent la mort, voilà tout!...

Elle ne semblait pas incommodée... Aucune grimace de dégoût ne plissait sa peau blanche, aussi fraîche qu'une fleur de cerisier. Par l'ardeur voilée de ses yeux, par le battement de ses narines, on eût dit qu'elle éprouvait une jouissance d'amour... Elle humait la pourriture, avec délices, comme un parfum.

— Oh! le beau... beau morceau!...

Avec des gestes gracieux, elle emplit le panier de l'immonde débris.

Et, péniblement, à travers la foule surexcitée, parmi les abominables odeurs, nous continuâmes notre route.

— Vite!... vite!...

III

Le bagne est construit au bord de la
rivière. Ses murs quadrangulaires enfer-
ment un terrain de plus de cent mille
mètres carrés. Pas une seule fenêtre; pas
d'autre ouverture que l'immense porte, cou-
ronnée de dragons rouges, armée de lourdes
barres de fer. Les tours des veilleurs, des
tours carrées que termine une superposition
de toits aux becs recourbés, marquent les
quatre angles de la sinistre muraille. D'autres, plus petites, s'espacent à intervalles
réguliers. La nuit, toutes ces tours s'allu-
ment comme des phares et projettent autour
du bagne, sur la plaine et sur le fleuve, une
lumière dénonciatrice. L'une de ces murailles
plonge dans l'eau noire, fétide et profonde,
ses solides assises que tapissent des algues

gluantes. Une porte basse communique, par
un pont-levis, avec l'estacade qui s'avance
jusqu'au milieu du fleuve, et aux charpentes
de laquelle sont amarrés de nombreuses
barques de service et des sampangs. Deux hal-
lebardiers, lance au poing, surveillent la porte.
A droite de l'estacade, un petit cuirassé, du
modèle de nos garde-pêches, se tient immobile, la gueule de ses trois canons braquée
sur le bagne. A gauche, aussi loin que l'œil
peut apercevoir la rivière, vingt-cinq ou
trente rangées de bateaux masquent l'autre
rive d'un fouillis de planches multicolores, de·
mâts bariolés, de cordages, de voiles grises.
Et, de temps en temps, l'on voit passer ces
massives embarcations à roue que des malheureux, enfermés dans une cage, actionnent
péniblement de leurs bras secs et nerveux.

Derrière le bagne, au loin, très loin, jusqu'à la montagne qui ceinture l'horizon
d'une ligne sombre, s'étendent des terrains
rocailleux, avec de courtes ondulations,
des terrains, ici, couleur de bistre, et là, de
sang séché, dans lesquels ne poussent que
des acers maigres, des chardons bleuâtres
et des cerisiers rabougris qui ne fleurissent
jamais. Désolation infinie! Accablante tris-

tesse!... Durant huit mois de l'année, le ciel
reste bleu, d'un bleu lavé de rouge où s'avi-
vent les reflets d'un perpétuel incendie, d'un
bleu implacable où n'ose jamais s'aventurer
le caprice d'un nuage. Le soleil cuit la terre,
torréfie les rocs, vitrifie les cailloux qui,
sous les pieds, éclatent avec des craquements
de verre et des crépitements de flamme.
Nul oiseau ne brave cette fournaise aérienne.
Il ne vit là que d'invisibles organismes, des
grouillements bacillaires qui, vers le soir,
alors que les mornes vapeurs montent avec
le chant des matelots de la rivière exté-
nuée, prennent distinctement les formes de
la fièvre, de la peste, de la mort!

Quel contraste avec l'autre rive où le sol,
gras et riche, couvert de jardins et de vergers, nourrit les arbres géants et les fleurs
merveilleuses!

Au sortir du pont, nous avions pu, par
bonheur, trouver un palanquin qui nous
transporta, à travers la brûlante plaine,
presque au bagne dont les portes étaient
encore fermées. Une équipe d'agents de
police, armés de lances à banderolles jaunes
et d'immenses boucliers derrière lesquels
ils disparaissaient presque, contenait la foule

impatiente et très nombreuse. A chaque
minute, elle grossissait. Des tentes étaient
dressées où l'on buvait du thé, où l'on gri-
gnotait de jolis bonbons, des pétales de
roses et d'acacias roulés dans de fines pâtes
odorantes et granitées de sucre. Dans d'autres, des musiciens jouaient de la flûte et
des poètes disaient des vers, tandis que le
punka, agitant l'air embrasé, répandait une
légère fraîcheur, un frôlement de fraîcheur
sur les visages. Et des marchands ambulants
vendaient des images, d'anciennes légendes
de crimes, des figurations de tortures et de
supplices, des estampes et des ivoires, étrangement obscènes. Clara acheta quelques-uns
de ces derniers, et elle me dit :

— Vois comme les Chinois, qu'on accuse
d'être des barbares, sont au contraire plus
civilisés que nous; comme ils sont plus que
nous dans la logique de la vie et dans l'har-
monie de la nature!... Ils ne considèrent
point l'acte d'amour comme une honte qu'on
doive cacher... Ils le glorifient au contraire,
en chantent tous les gestes et toutes les
caresses... de même que les anciens, d'ailleurs, pour qui le sexe, loin d'être un objet
d'infamie, une image d'impureté, était un

14

Dieu!... Vois aussi comme tout l'art occidental y perd qu'on lui ait interdit les magnifiques expressions de l'amour. Chez nous, l'érotisme est pauvre, stupide et glaçant... il se présente toujours avec des allures tortueuses de péché, tandis qu'ici, il conserve toute l'ampleur vitale, toute la poésie hennissante, tout le grandiose frémissement de la nature... Mais toi, tu n'es qu'un amoureux d'Europe... une pauvre petite âme timide et frileuse, en qui la religion catholique a sottement inculqué la peur de la nature et la haine de l'amour... Elle a faussé, perverti en toi le sens de la vie...

— Chère Clara, objectai-je..., est-il donc naturel que vous recherchiez la volupté dans la pourriture et que vous meniez le troupeau de vos désirs s'exalter aux horribles spectacles de douleur et de mort?... N'est-ce point là, au contraire, une perversion de cette Nature dont vous invoquez le culte, pour excuser, peut-être, ce que vos sensualités ont de criminel et de monstrueux?...

— Non! fit Clara, vivement... puisque l'Amour et la Mort, c'est la même chose!.. et puisque la pourriture, c'est l'éternelle résurrection de la Vie... Voyons...

Tout à coup, elle s'interrompit et me demanda :

— Mais, pourquoi me dis-tu cela ?... Es-tu drôle !...

Et, avec une moue charmante, elle ajouta :

— Est-ce ennuyeux que tu ne comprennes rien !... Comment ne sens-tu pas ?... comment n'as-tu pas encore senti que c'est, je ne dis pas même dans l'amour, mais dans la luxure qui est la perfection de l'amour, que toutes les facultés cérébrales de l'homme se révèlent et s'aiguisent... que c'est par la luxure, seule, que tu atteins au développement total de la personnalité ?... Voyons... dans l'acte d'amour, n'as-tu donc jamais songé, par exemple, à commettre un beau crime ?... c'est-à-dire à élever ton individu au-dessus de tous les préjugés sociaux et de toutes les lois, au-dessus de tout, enfin ?... Et si tu n'y as pas songé, alors, pourquoi fais-tu l'amour ?

— Je n'ai pas la force de discuter, balbutiai-je... Et il me semble que je marche dans un cauchemar... Ce soleil... cette foule... ces odeurs... et tes yeux... ah ! tes yeux de supplice et de volupté... et ta voix... et ton crime... tout cela m'effraie... tout cela me rend fou!...

Clara eut un petit rire moqueur.

— Pauvre mignon!... soupira-t-elle drôlement... Tu ne diras pas cela, ce soir, quand tu seras dans mes bras... et que je t'aimerai!...

La foule s'animait de plus en plus. Des bonzes, accroupis sous des ombrelles, étalaient de longues robes rouges autour d'eux, ainsi que des flaques de sang, frappaient sur des gongs, à coups frénétiques, et ils invectivaient grossièrement les passants qui, pour apaiser leurs malédictions, laissaient dévotement tomber, en des jattes de métal, de larges pièces de monnaie.

Clara m'emmena sous une tente toute brodée de fleurs de pêcher, me fit asseoir, près d'elle, sur une pile de coussins, et elle me dit, en me caressant le front de sa main électrique, de sa main donneuse d'oubli et verseuse d'ivresse.

— Mon Dieu!... que tout cela est long, chéri!... Chaque semaine, c'est la même chose... On n'en finit jamais d'ouvrir la porte... Pourquoi ne parles-tu pas?... Est-ce que je te fais peur?... Es-tu content d'être

venu?... Es-tu content que je te caresse,
chère petite canaille adorée?... Oh! tes beaux
yeux fatigués!... C'est la fièvre... et c'est moi
aussi, dis?... Dis que c'est moi?... Veux-tu
boire du thé?... Veux-tu encore une pastille
d'hamamelis?...

— Je voudrais n'être plus ici!... Je voudrais dormir!...

— Dormir!... Que tu es étrange!... Oh!
tu vas voir, tout à l'heure, comme c'est
beau!... comme c'est terrible!... Et quels
extraordinaires... quels inconnus... quels
merveilleux désirs cela vous fait entrer dans
la chair!... Nous reviendrons par le fleuve,
dans mon sampang... Et nous passerons la
nuit dans un bateau de fleurs... Tu veux,
pas?...

Elle me donna sur les mains quelques
légers coups d'éventail :

— Mais tu ne m'écoutes pas?... Pourquoi
ne m'écoutes-tu pas?... Tu es pâle et tu es
triste... Et, en vérité, tu ne m'écoutes pas
du tout...

Elle se pelotonna contre moi, tout contre
moi, onduleuse et câline :

— Tu ne m'écoutes pas, vilain; reprit-
elle... Et tu ne me caresses même pas!...

14.

caresse-moi donc, chéri!... Tâte comme
mes seins sont froids et durs...

Et, d'une voix plus sourde, son regard
dardant sur moi des flammes vertes, voluptueuse et cruelle, elle parla ainsi :

— Tiens!... il y a huit jours... j'ai vu une
chose extraordinaire... Oh! cher amour, j'ai
vu fouetter un homme, parce qu'il avait volé
un poisson... Le juge avait déclaré simplement ceci : « Il ne faut pas toujours dire d'un
homme qui porte un poisson à la main : c'est
un pêcheur! » Et il avait condamné l'homme
à mourir, sous les verges de fer... Pour un
poisson, chéri!... Cela se passa dans le jardin
des supplices... L'homme était, figure-toi,
agenouillé sur la terre, et sa tête reposait
sur une espèce de billot... un billot tout noir
de sang ancien... L'homme avait le dos et
les reins nus... un dos et des reins comme
du vieil or!... J'arrivai juste au moment où
un soldat, ayant empoigné sa natte qu'il
avait très longue, la nouait à un anneau
scellé à une dalle de pierre, dans le sol...
Près du patient, un autre soldat faisait rougir,
au feu d'une forge, une petite... une toute
petite badine de fer... Et voici... Écoute-moi
bien!.. M'écoutes-tu?... Quand la badine

était rouge, le soldat fouettait l'homme à
tour de bras, sur les reins... La badine faisait : chuitt! dans l'air... et elle pénétrait,
très avant, dans les muscles qui grésillaient
et d'où s'élevait une petite vapeur roussâtre...
comprends-tu?... Alors, le soldat laissait
refroidir la badine dans les chairs qui se
boursoufflaient et se refermaient... puis,
lorsqu'elle était froide, il l'arrachait violemment, d'un seul coup... avec de menus lambeaux saignants... Et l'homme poussait d'affreux cris de douleur... Puis le soldat recom-
mençait... Il recommença quinze fois!... Et
à moi, aussi, chère petite âme, il me semblait
que la badine entrait, à chaque coup, dans
mes reins... C'était atroce et très doux!

Comme je me taisais :

— C'était atroce et très doux, répéta-
t-elle... Et si tu savais comme il était beau,
cet homme... comme il était fort!... Des
muscles pareils à ceux des statues... Embrasse-moi, cher amour... embrasse-moi
donc!

Les prunelles de Clara s'étaient révulsées.
Entre ses paupières mi-closes, je ne voyais
plus que le blanc de ses yeux... Elle dit
encore :

— Il ne bougeait pas... Cela faisait sur
son dos comme des petites vagues... Oh! tes
lèvres!...

Après quelques secondes de silence, elle
reprit :

— L'année dernière, avec Annie, j'ai vu
quelque chose de bien plus étonnant... J'ai
vu un homme qui avait violé sa mère et
l'avait ensuite éventrée d'un coup de couteau. Il paraît, du reste, qu'il était fou... Il
fut condamné au supplice de la caresse...
Oui, mon chéri... Est-ce admirable?... On ne
permet pas aux étrangers d'assister à ce
supplice qui, d'ailleurs, est très rare aujour-
d'hui... Mais nous avions donné de l'argent
au gardien qui nous dissimula, derrière un
paravent... Annie et moi, nous avons tout
vu... Le fou — il n'avait pas l'air fou —
était étendu sur une table très basse, les
membres et le corps liés par de solides
cordes... la bouche baillonnée... de façon à
ce qu'il ne pût faire un mouvement, ni pousser
un cri... Une femme, pas belle, pas jeune,
au masque grave, entièrement vêtue de noir,
le bras nu cerclé d'un large anneau d'or,
vint s'agenouiller auprès du fou... Elle empoigna sa verge... et elle officia... Oh! chéri!...

chéri!... Si tu avais vu!... Cela dura quatre
heures... quatre heures, pense!... quatre
heures de caresses effroyables et savantes,
pendant lesquelles la main de la femme ne
se ralentit pas une minute, pendant lesquelles son visage demeura froid et morne!...
Le patient expira dans un jet de sang qui
éclaboussa toute la face de la tourmen-
teuse... Jamais je n'ai rien vu de si atroce,
et ce fut si atroce, mon chéri, qu'Annie et
moi nous nous évanouîmes... Je pense toujours à cela!...

Avec un air de regret, elle ajouta :

— Cette femme avait, à l'un de ses doigts,
un gros rubis qui, durant le supplice, allait
et venait dans le soleil, comme une petite
flamme rouge et dansante... Annie l'acheta..
Je ne sais ce qu'il est devenu... Je voudrais
bien l'avoir.

Clara se tut, l'esprit sans doute retourné
aux impures et sanglantes images de cet abominable souvenir...

Quelques minutes après, il se fit dans les
tentes et parmi la foule une rumeur. A travers mes paupières alourdies et qui, malgré
moi, s'étaient presque fermées, à l'horreur de

ce récit, je vis des robes et des robes, et des ombrelles, et des éventails, et des visages heureux, et des visages maudits danser, tourbillonner, se précipiter... C'était comme une poussée de fleurs immenses, comme un tournoiement d'oiseaux féeriques...

— Les portes, cher petit cœur... s'écria Clara... les portes qu'on ouvre!... Viens... viens vite!... Et ne sois plus triste, ah! je t'en supplie!... Pense à toutes les belles choses que tu vas voir et que je t'ai dites!...

Je me soulevai... Et, me saisissant le bras, elle m'entraîna, avec elle, je ne sais où...

IV

La porte du bagne s'ouvrait sur un large
couloir obscur. Du fond de ce couloir, mais
de plus loin que le couloir, nous arrivaient
assourdis, ouatés par la distance, des sons
de cloche. Et les ayant entendus, Clara heureuse, battit des mains.

— Oh! cher amour!... La cloche!... La
cloche!... Nous avons de la chance... Ne
sois plus triste... ne sois plus malade, je t'en
prie!...

On se pressait si furieusement, à l'entrée
du bagne, que les agents de police avaient
peine à mettre un peu d'ordre dans le
tumulte. Caquetages, cris, étouffements,
froissements d'étoffes, heurts d'ombrelles et
d'éventails, ce fut dans cette mêlée que
Clara se jeta résolument, plus exaltée

d'avoir entendu cette cloche, dont je ne
songeai pas à lui demander pourquoi elle
sonnait ainsi et ce que signifiaient ses petits
glas sourds, ses petits glas lointains qui lui
causaient tant de plaisir!...

— La cloche!... la cloche! la cloche!...
Viens!...

Mais nous n'avancions pas, malgré l'effort
des boys, porteurs de paniers, qui, à grands
coups de coude, tentaient de frayer un passage à leurs maîtresses. De longs portefaix,
au masque grimaçant, affreusement maigres,
la poitrine à nu et couturée sous leurs
loques, tendaient en l'air, au-dessus des
têtes, des corbeilles pleines de viande, où le
soleil accélérait la décomposition et faisait
éclore tout un fourmillement de vies lar-
vaires. Spectres de crime et de famine,
images de cauchemar et de tueries, démons
ressuscités des plus lointaines, des plus ter-
rifiantes légendes de la Chine, j'en voyais,
près de moi, dont un rire déchiquetait en
scie la bouche aux dents laquées de béthel
et se prolongeait jusqu'à la pointe de la
barbiche, en torsions sinistres. D'autres s'in-
juriaient et se tiraient par la natte, cruel-
lement; d'autres, avec des glissements de

fauves, s'insinuaient dans la forêt humaine,
fouillaient les poches, coupaient les bourses,
happaient les bijoux et ils disparaissaient,
emportant leur butin.

— La cloche!... la cloche!... répétait
Clara.

— Mais quelle cloche?...

— Tu verras... C'est une surprise!...

Et les odeurs soulevées par la foule —
odeurs de cabinets de toilette et d'abattoir
mêlées, puanteurs des charognes et parfums
des chairs vivantes — m'affadissaient le
cœur, me glaçaient la moelle. C'était en
moi la même impression [d'engourdissement
léthargique que tant de fois j'avais ressentie
dans les forêts de l'Annam, le soir, alors que
les miasmes quittent les terreaux profonds et
embusquent la mort derrière chaque fleur,
derrière chaque feuille, derrière chaque brin
d'herbe. En même temps, pressé, bousculé
de tous les côtés, et la respiration me man-
quant presque, j'allais enfin défaillir.

— Clara!... Clara!... appelai-je.

Elle me fit respirer des sels, dont la puissance cordiale me ranima un peu. Elle était,
elle, libre, très joyeuse, au milieu de cette
foule dont elle humait les odeurs, dont elle

subissait les plus répugnantes étreintes avec
une sorte de volupté pâmée. Elle tendait son
corps — tout son corps svelte et vibrant —
aux brutalités, aux coups, aux déchirements.
Sa peau, si blanche, se colorait de rose
ardent; ses yeux avaient un éclat noyé de
joie sexuelle; ses lèvres se gonflaient, tels
de durs bourgeons prêts à fleurir... Elle me
dit encore, avec une sorte de pitié railleuse :

— Ah! petite femme... petite femme...
petite femme!... Vous ne serez jamais qu'une
petite femme de rien du tout!...

Au sortir de l'éblouissante, de l'aveuglante lumière du soleil, le couloir où, enfin,
nous parvînmes, me sembla, tout d'abord,
plein de ténèbres. Puis, les ténèbres peu à
peu s'effaçant, je pus me rendre compte du
lieu où je me trouvais.

Le couloir était vaste, éclairé d'en haut
par un vitrage qui ne laissait passer à travers l'opacité du verre qu'une lumière atté-
nuée de velarium. Une sensation de fraîcheur humide, presque de froid m'enveloppa
tout entier, comme d'une caresse de source.
Les murs suintaient, ainsi que des parois
de grottes souterraines. Sous mes pieds
brûlés par les cailloux de la plaine, le sable,

dont les dalles du couloir étaient semées, avait la douceur molle des dunes, près de la mer... J'aspirai l'air largement, à pleins poumons. Clara me dit :

— Tu vois comme on est gentil pour les forçats, ici... Du moins, ils sont au frais.

— Mais où sont-ils?... demandai-je... A droite et à gauche, je ne vois que des murs !

Clara sourit.

— Comme tu es curieux!... Te voilà maintenant plus impatient que moi!... Attends... attends un peu!... Tout à l'heure, mon chéri... Tiens!...

Elle s'était arrêtée et me désignait un point vague du couloir, l'œil plus brillant, les narines battantes, l'oreille tendue aux bruits, comme une chevrette aux écoutes dans la forêt.

— Entends-tu?... Ce sont eux!... Entends-tu?...

Alors, par delà les rumeurs de la foule qui envahissait le couloir, par delà les voix bourdonnantes, je perçus des cris, des plaintes sourdes, des traînements de chaînes, des respirations haletantes comme des forges, d'étranges et prolongés rauquements de

fauves. Cela semblait venir des profondeurs
de la muraille, de dessous la terre... des
abîmes mêmes de la mort... on ne savait
d'où...

— Entends-tu?... reprit Clara. Ce sont
eux... tu vas les voir tout de suite... avançons! Prends mon bras... Regarde bien...
Ce sont eux!... Ce sont eux!...

Nous nous remîmes à marcher, suivis du
boy attentif aux gestes de sa maîtresse. Et
l'affreuse odeur de cadavre nous accompagnait aussi, ne nous lâchait plus, augmentée
d'autres odeurs dont l'âcreté ammoniacale
nous piquait les yeux et la gorge.

La cloche sonnait toujours, là-bas... là-
bas... lente et douce, étouffée, pareille à la
plainte d'un agonisant. Clara répéta pour la
troisième fois :

— Oh! cette cloche!... Il meurt... il meurt,
mon chéri... nous le verrons peut-être !

Tout à coup, je sentis ses doigts m'entrer
nerveusement dans la peau.

— Mon chéri!... mon chéri!... A ta
droite!... Quelle horreur!...

Vivement, je tournai la tête... L'infernal
défilé commençait.

A droite, c'étaient, dans le mur, de vastes

cellules, ou plutôt de vastes cages fermées
par des barreaux et séparées l'une de l'autre
par d'épaisses cloisons de pierre. Les dix
premières étaient occupées, chacune, par
dix condamnés; et, toutes les dix, elles
répétaient le même spectacle. Le col serré
dans un carcan si large qu'il était impossible de voir les corps, on eût dit d'effrayantes,
de vivantes têtes de décapités posées sur des
tables. Accroupis parmi leurs ordures, les
mains et les pieds enchaînés, ils ne pouvaient s'étendre, ni se coucher, ni jamais se
reposer. Le moindre mouvement, en déplaçant le carcan autour de leur gorge à vif et
de leur nuque saignante, leur faisait pousser
des hurlements de souffrance, auxquels se
mêlaient d'atroces insultes pour nous et des
supplications aux Dieux, tour à tour.

J'étais muet d'épouvante.

Légère, avec de jolis frissons et d'exquis
gestes, Clara piqua dans le panier du boy
quelques menus morceaux de viande qu'elle
lança gracieusement à travers les barreaux
dans la cage. Les dix têtes, simultanément,
oscillèrent sur les carcans balancés; simultanément les vingt prunelles, exorbitées,
jetèrent sur la viande des regards rouges, des

15.

regards de terreur et de faim... Puis, un
même cri de douleur sortit des dix bouches
tordues... Et conscients de leur impuissance,
les condamnés ne bougèrent plus. Ils res-
tèrent la tête légèrement inclinée et comme
prête à rouler sur la déclivité du carcan, les
traits de leur face décharnée et blême con-
vulsés dans une grimace rigide, dans une
sorte d'immobile ricanement.

— Ils ne peuvent pas manger, expliqua
Clara... Ils ne peuvent pas atteindre la
viande... Dame!... avec ces machines-là,
ça se comprend... Au fond, ça n'est pas
très neuf... C'est le supplice de Tantale,
décuplé par l'horreur de l'imagination chinoise... Hein?... crois-tu, tout de même,
qu'il y a des gens malheureux?...

Elle lança encore, à travers les barreaux,
un menu morceau de charogne qui, tombant
sur le coin d'un des carcans, lui imprima un
léger mouvement d'oscillation... De sourds
grognements répondirent à ce geste; une
haine plus féroce et plus désespérée s'alluma,
en même temps, dans les vingt prunelles...
Instinctivement, Clara recula ;

— Tu vois... poursuivit-elle sur un ton
moins assuré... Ça les amuse que je leur

donne de la viande... ça leur fait passer un petit moment à ces pauvres diables... ça leur procure un peu d'illusion... Avançons... avançons!...

Nous passâmes lentement devant les dix cages. Des femmes arrêtées poussaient des cris ou riaient aux éclats, ou bien se livraient à des mimiques passionnées. Je vis une Russe, très blonde, au regard blanc et froid, tendre aux suppliciés, du bout de son ombrelle, un ignoble débris verdâtre qu'elle avançait et retirait tour à tour. Et rétractant leurs lèvres, découvrant leurs crocs comme des chiens furieux, avec des expressions d'affamement qui n'avaient plus rien d'humain, ils essayaient de happer la nourriture qui, toujours, fuyait de leurs bouches, gluantes de bave. Des curieuses suivaient toutes les péripéties de ce jeu cruel, d'un air attentif et réjoui.

— Quelles grues! fit Clara, sérieusement indignée... Vraiment, il y a des femmes qui ne respectent rien. C'est honteux!...

· Je demandai :

— Quels crimes ces êtres ont-ils donc commis, pour de telles tortures?

Elle répondit, distraitement :

— Je ne sais pas, moi... Aucun, peut-être,
ou peu de chose, sans doute... De menus
vols chez des marchands, je suppose... D'ailleurs, ce ne sont que des gens du peuple...
des rôdeurs du port... des vagabonds... des
pauvres!... Ils ne m'intéressent pas beaucoup... Mais il y en a d'autres... Tu vas
voir mon poète, tout à l'heure... Oui, j'ai un
préféré ici... et justement il est poète!...
Comme c'est drôle, pas?... Ah! mais, c'est
un grand poète, tu sais!... Il a fait une satire
admirable contre un prince qui avait volé le
trésor... Et il déteste les Anglais... Il y a
deux ans, un soir, on l'avait amené chez
moi... Il chantait des choses délicieuses...
Mais c'est dans la satire surtout qu'il était
merveilleux... Tu vas le voir. C'est le plus
beau... A moins qu'il ne soit mort déjà!...
Dame! avec ce régime, il n'y aurait rien
d'étonnant... Ce qui me fait de la peine, surtout, c'est qu'il ne me reconnaît plus... Je lui
parle... je lui chante ses poèmes... Et il ne
les reconnaît pas non plus... C'est horrible,
vraiment, pas?... Bah! c'est drôle aussi, après
tout...

Elle essayait d'être gaie... Mais sa gaieté
sonnait faux... son visage était grave... Ses

narines battaient plus vite... Elle s'appuyait
à mon bras, plus lourdement, et je sentais
courir des frissons tout le long de son corps...

Je remarquai alors que, dans le mur de
gauche, en face de chaque cellule, étaient
creusées des niches profondes. Ces niches
contenaient des bois peints et sculptés qui
représentaient, avec cet effroyable réalisme
particulier à l'art de l'Extrême-Orient, tous
les genres de torture en usage dans la Chine :
scènes de décollation, de strangulation, d'é-
corchement et de dépècement des chairs...,
imaginations démoniaques et mathématiques,
qui poussent, jusqu'à un raffinement inconnu
de nos cruautés occidentales, pourtant si in-
ventives, la science du supplice. Musée de
l'épouvante et du désespoir, où rien n'avait
été oublié de la férocité humaine et qui,
sans cesse, à toutes les minutes du jour, rappelait par des images précises, aux forçats,
la mort savante à laquelle les destinaient
leurs bourreaux.

— Ne regarde pas ça!... me dit Clara avec
une moue de mépris. Ça n'est que des bois
peints, mon amour... Regarde par ici, où
c'est vrai... Tiens !... Justement, le voilà,
mon poète !...

Et, brusquement, elle s'arrêta devant la cage.

Pâle, décharnée, sabrée de rictus squelettaires, les pommettes crevant la peau mangée de gangrène, la mâchoire à nu sous le retroussis trémescent des lèvres, une face était collée contre les barreaux, où deux mains longues, osseuses, et pareilles à des pattes sèches d'oiseau, s'agrippaient. Cette face, de laquelle toute trace d'humanité avait pour jamais disparu; ces yeux sanglants, et ces mains, devenues des griffes galeuses, me firent peur... Je me rejetai en arrière d'un mouvement instinctif, pour ne point sentir sur ma peau le souffle empesté de cette bouche, pour éviter la blessure de ces griffes... Mais Clara me ramena, vivement, devant la cage. Au fond de la cage, dans une ombre de terreur, cinq êtres vivants, qui avaient été autrefois des hommes, marchaient, marchaient, tournaient, tournaient, le torse nu, le crâne noir de meurtrissures sanguinolentes. Haletant, aboyant, hurlant, ils tentaient vainement d'ébranler, par de rudes poussées, la pierre solide de la cloison... Puis, ils recommençaient à marcher et à tourner, avec des souplesses de fauves et des

obscénités de singes... Un large volet trans-
versal cachait le bas de leurs corps et, du
plancher invisible de la cellule, montait une
odeur suffocante et mortelle.

— Bonjour, poète!... dit Clara, s'adressant à la Face... Je suis gentille, pas? Je suis
venue te voir encore une fois, pauvre cher
homme!... Me reconnais-tu aujourd'hui?...
Non?... Pourquoi ne me reconnais-tu pas?...
Je suis belle, pourtant, et je t'ai aimé tout
un soir!...

La Face ne bougea pas. Ses yeux ne quit-
taient point la corbeille de viande que portait
le boy... Et de sa gorge sortait un bruit
rauque d'animal.

— Tu as faim?... poursuivit Clara... Je te
donnerai à manger... Pour toi, j'ai choisi les
meilleurs morceaux du marché... Mais auparavant, veux-tu que je récite ton poème :
Les trois amies?... Veux-tu?... Cela te fera
plaisir de l'entendre.

Et elle récita.

J'ai trois amies.
La première a l'esprit mobile comme une feuille de
bambou.
Son humeur légère et folâtre est pareille à la fleur plu-
meuse de l'eulalie.
Son œil ressemble au lotus.

Et sa gorge est aussi ferme que le cédrat.
Ses cheveux, tressés en une seule natte, retombent sur
    épaules d'or, ainsi que de noirs serpents.
Sa voix a la douceur du miel des montagnes.
Ses hanches sont minces et flexibles.
Ses cuisses ont la rondeur de la tige lisse du bananier
Sa démarche est celle du jeune éléphant en gaîté.
Elle aime le plaisir, sait le faire naître, et le varier!...
J ai trois amies.

Clara s'interrompit :

— Tu ne te souviens pas? demanda-t-elle...
Est-ce donc que tu n'aimes plus ma voix ?

La Face n'avait pas bougé... Elle semblait
ne pas entendre. Ses regards dévoraient
toujours l'horrible corbeille, et sa langue
claquait dans la bouche, mouillée de salive.

— Allons, fit Clara... Ecoute encore!...
Et tu mangeras, puisque tu as si faim !

Et elle reprit d'une voix lente et rythmée :

J'ai trois amies.
La seconde a une abondante chevelure qui brille et se
    déroule en longues guirlandes de soie.
Son regard troublerait le Dieu d'amour
Et ferait rougir les bergeronnettes.
Le corps de cette femme gracieuse serpent comme une
    liane d'or,
Ses pendants d'oreilles sont chargés de pierreries,
Comme est ornée de givre, par un matin de gelée et de
    soleil, une fleur.
Ses vêtements sont des jardins d'été
Et des temples, un jour de fête.

Et ses seins, durs et rebondis, luisent ainsi qu'une couple
de vases d'or, remplis de liqueurs enivrantes et de
grisants parfums.
J'ai trois amies.

— Ouah ! ouah ! aboya la face, tandis que,
dans la cage, marchant, marchant, tournant,
tournant, les cinq autres condamnés répétaient le sinistre aboiement.

Clara continua :

J'ai trois amies.
Les cheveux de la troisième sont nattés et roulés sur sa
tête.
Et jamais ils n'ont connu la douceur des huiles parfu-
mées,
Sa face qui exprime la passion est difforme,
Son corps est pareil à celui d'un porc.
On la dirait toujours en colère.
Toujours elle gronde et grogne.
Ses seins et son ventre exhalent l'odeur du poisson.
Elle est malpropre en toute sa personne.
Elle mange de tout et boit à l'excès.
Ses yeux ternes sont toujours chassieux.
Et son lit est plus répugnant que le nid de la huppe.
Et c'est celle-là que j'aime.
Et celle-là je l'aime parce qu'il y a quelque chose de plus
mystérieusement attirant que la beauté : c'est la pour-
riture.
La pourriture en qui réside la chaleur éternelle de la
vie,
En qui s'élabore l'éternel renouvellement des métamor-
phoses !
J'ai trois amies...

Le poème était terminé. Clara se tut.

Les yeux avidement fixés sur la corbeille, la Face n'avait pas cessé d'aboyer durant la récitation de la dernière strophe.

Alors, s'adressant à moi, tristement, Clara dit :

— Tu vois... Il ne se souvient plus de rien !... Il a perdu la mémoire de ses vers, comme de mon visage... Et cette bouche que j'ai baisée ne connaît plus la parole des hommes !... Est-ce inouï, vraiment !

Elle choisit parmi la viande du panier le meilleur, le plus gros morceau et, le buste joliment cambré, elle le tendit, du bout de sa fourche, à la Face décharnée dont les yeux luirent comme deux petites braises.

— Mange, pauvre poète ! dit-elle. Mange, va !

Avec des mouvements de bête affamée, le poète saisit dans ses griffes l'horrible morceau puant et le porta à sa mâchoire où je le vis, un instant, qui pendait, pareil à une ordure de la rue, entre les crocs d'un chien... Mais aussitôt, dans la cage ébranlée, Il y eut des rugissements, des bondissements. Ce ne furent plus que des torses nus, mêlés, soudés l'un à l'autre, étreints par de longs bras maigres, déchirés par des mâchoires et des

griffes... et des faces tordues s'arrachant la
viande !... Et je ne vis plus rien... Et j'entendis des bruits de luttes, au fond de la cage,
des poitrines haletantes et sifflantes, des
souffles rauques, des chutes de corps, des
piétinements de chair, des craquements d'os,
des chocs mous de tuerie... des râles !... De
temps en temps, au-dessus du volet, une face
apparaissait, la proie aux dents, et disparais-
sait... Des abois encore... des râles toujours... et presque le silence... puis rien !...

Clara s'était collée contre moi, toute frémissante.

— Ah ! mon chéri !... mon chéri !...

Je lui criai :

— Jette-leur donc toute la viande. . Tu
vois bien qu'ils se tuent !

Elle m'étreignait, m'enlaçait.

— Embrasse-moi. Caresse-moi... C'est
horrible !... c'est trop horrible !...

Et, se haussant jusqu'à mes lèvres, elle me
dit, dans un baiser féroce :

— On n'entend plus rien... Ils sont
morts !... Crois-tu donc qu'ils soient tous
morts ?...

Quand nous relevâmes les yeux vers la
cage, une Face pâle, décharnée et toute san-

glante était collée derrière les barreaux et
nous regardait fixement, presque orgueilleu-
sement... Un lambeau de viande coulait de
ses lèvres, parmi des filaments de bave pour-
prée. Sa poitrine haletait.

Clara applaudit, et sa voix tremblait encore.

— C'est lui!... C'est mon poète!... C'est le
plus fort !...

Elle lui jeta toute la viande du panier, et,
la gorge serrée :

— J'étouffe un peu, dit-elle... Et toi aussi,
tu es tout pâle, mon amour... Allons respirer
un peu d'air au Jardin des Supplices...

De légères gouttes de sueur perlaient à
son front. Elle les essuya, et, se tournant
vers le poète, elle dit, en accompagnant ses
paroles d'un menu geste de sa main dégan-
tée...

— Je suis contente que tu aies été le plus
fort, aujourd'hui !... Mange !... mange !... Je
reviendrai te voir... Adieu.

Elle congédia le boy, devenu inutile. Nous
suivîmes le milieu du couloir d'un pas pressé,
malgré l'encombrement de la foule, évitant
de regarder à droite et à gauche.

La cloche sonnait toujours... Mais ses vi-

brations diminuaient, diminuaient jusqu'à
n'être plus qu'un souffle de brise, une toute
petite plainte d'enfant, étouffée, derrière un
rideau.

— Pourquoi cette cloche ?.. D'où vient
cette cloche ?... questionnai-je.

— Comment?... Tu ne sais pas?... Mais c'est
la cloche du Jardin des Supplices !... Figure-
toi... On ligotte un patient... et on le dépose sous la cloche... Et l'on sonne à toute
volée, jusqu'à ce que les vibrations l'aient
tué!... Et quand vient la mort, on sonne
doucement, doucement, pour qu'elle ne
vienne pas trop vite, comme là-bas !... Entends-tu ?...

J'allais parler, mais Clara me ferma la
bouche, avec son éventail déployé :

— Non... tais-toi !... ne dis rien !... Et
écoute, mon amour !... Et pense à l'effroyable
mort que ce doit être, ces vibrations sous la
cloche... Et viens avec moi... Et ne dis plus
rien, ne dis plus rien...

Quand nous sortîmes du couloir, la cloche
n'était plus qu'un chant d'insecte... un bruis-
sement d'ailes, à peine perceptible, dans le
lointain.

16.

V

Le Jardin des Supplices occupe au centre
de la Prison un immense espace en quadri-
latère, fermé par des murs dont on ne voit
plus la pierre que couvre un épais revête-
ment d'arbustes sarmenteux et de plantes
grimpantes. Il fut créé vers le milieu du
siècle dernier par Li-Pé-Hang, surintendant
des jardins impériaux, le plus savant bota-
niste qu'ait eu la Chine. On peut consulter,
dans les collections du Musée Guimet, maints
ouvrages qui consacrent sa gloire et de très
curieuses estampes où sont relatés ses plus
illustres travaux. Les admirables jardins de
Kiew — les seuls qui nous contentent en
Europe — lui doivent beaucoup, au point de
vue technique, et aussi au point de vue de
l'ornementation florale et de l'architecture

paysagiste. Mais ils sont loin encore de la
beauté pure des modèles chinois. Selon les
dires de Clara, il leur manque celte attrac-
tion de haut goût qu'on y ait mêlé les supplices à l'horticulture, le sang aux fleurs.

Le sol, de sable et de cailloux, comme
.oute celte plaine stérile, fut défoncé profondément et refait avec de la terre vierge, ap-
portée, à grands frais, de l'autre rive du
fleuve. On conte que plus de trente mille
coolies périrent de la fièvre dans les terras-
sements gigantesques qui durèrent vingt-
deux années. Il s'en faut que ces hécatombes
aient été inutiles. Mélangés au sol, comme
un fumier — car on les enfouissait sur
place — les morts l'engraissèrent de leurs
décompositions lentes, et pourtant, nulle
part, même au cœur des plus fantastiques
forêts tropicales, il n'existait une terre plus
riche en humus naturel. Son extraordinaire
force de végétation, loin qu'elle se soit
épuisée à la longue, s'active encore aujour-
d'hui des ordures des prisonniers, du sang
des suppliciés, de tous les débris organiques
que dépose la foule chaque semaine et qui,
précieusement recueillis, habilement tra-
vaillés avec les cadavres quotidiens dans

des pourrissoirs spéciaux, forment un puis
sant *compost* dont les plantes sont voraces
et qui les rend plus vigoureu*s*es et plus
belles. Des dérivations de la rivière, ingé-
nieusement distribuées à travers le jardin,
y entretiennent, selon le besoin des cultures,
une fraîcheur humide, permanente, en même
temps qu'elles servent à remplir des bassins
et des canaux, dont l'eau se renouvelle sans
cesse, et où l'on conserve des formes zoolo-
giques presque disparues, entre autres le
fameux poisson à six bosses, chanté par
Yu-Sin et par notre compatriote, le poète
Robert de Montesquiou.

Les Chinois sont des jardiniers incomparables, bien supérieurs à nos grossiers hor-
ticulteurs qui ne pensent qu'à détruire la
beauté des plantes par d'irrespectueuses
pratiques et de criminelles hybridations.
Ceux-là sont de véritables malfaiteurs et je
ne puis concevoir qu'on n'ait pas encore, au
nom de la vie universelle, édicté des lois
pénales très sévères contre eux. Il me serait
même agréable qu'on les guillotinât sans
pitié, de préférence à ces pâles assassins
dont le « selectionnisme » social est plutôt
louable et généreux, puisque, la plupart du

temps, il ne vise que des vieilles femmes
très laides, et de très ignobles bourgeois,
lesquels sont un outrage perpétuel à la vie.
Outre qu'ils ont poussé l'infamie jusqu'à
déformer la grâce émouvante et si jolie des
fleurs simples, nos jardiniers ont osé cette
plaisanterie dégradante de donner à la fra-
gilité des roses, au rayonnement stellaire des
clématites, à la gloire firmamentale des del
phiniums, au mystère héraldique des iris, à
la pudeur des violettes, des noms de vieux
généraux et de politiciens déshonorés. Il
n'est point rare de rencontrer dans nos parterres un iris, par exemple, baptisé : *Le général Archinard!...* Il est des narcisses — des
narcisses! — qui se dénomment grotesque-
ment : *Le Triomphe du Président Félix Faure* ;
des roses trémières qui, sans protester, ac-
ceptent l'appellation ridicule de : *Deuil de
Monsieur Thiers*; des violettes, de timides,
frileuses et exquises violettes à qui les noms
du général Skobeleff et de l'amiral Avellan
n'ont pas semblé d'injurieux sobriquets!...
Les fleurs, toute beauté, toute lumière et
toute joie... toute caresse aussi, évoquant les
moustaches grognonnes et les lourdes ba-
sanes d'un soldat, ou bien le toupet parle-

mentaire d'un ministre!... Les fleurs affi-
chent des opinions politiques, servant à diffu-
ser les propagandes électorales!... A quelles
aberrations, à quelles déchéances intellec-
tuelles peuvent bien correspondre de pareils
blasphèmes, et de tels attentats à la divinité
des choses ? S'il était possible qu'un être
assez dénué d'âme éprouvât de la haine
pour les fleurs, les jardiniers européens et,
en particulier, les jardiniers français, eussent
justifié ce paradoxe, inconcevablement sacri
lège!...

Parfaits artistes et poètes ingénus, les Chinois ont pieusement conservé l'amour et le
culte dévot des fleurs : l'une des très rares,
des plus lointaines traditions qui aient survécu à leur décadence. Et, comme il faut bien
distinguer les fleurs l'une de l'autre, ils leur
ont attribué des analogies gracieuses, des
images de rêve, des noms de pureté ou de
volupté qui perpétuent et harmonisent dans
notre esprit les sensations de charme doux ou
de violente ivresse qu'elles nous apportent...
C'est, ainsi que telles pivoines, leurs fleurs
préférées, les Chinois les saluent, selon leur
forme et leur couleur, de ces noms délicieux,
qui sont, chacun, tout un poème et tout un

roman ; *La Jeune fille qui offre ses seins*, ou :
L'Eau qui dort sous la lune, ou : *Le soleil
dans la Forêt*, ou : *Le premier désir de la
Vierge couchée*, ou : *Ma robe n'est plus toute
blanche parce qu'en la déchirant le Fils du Ciel
y a laissé un peu de sang rose ;* ou bien
encore, celle-ci : *J'ai joui de mon ami dans le
jardin.*

Et Clara, qui me contait ces choses gen-
tilles, s'écriait, indignée, en frappant le sol
de ses petits pieds, chaussés de peau jaune :

— Et on les traite de magots, de sauvages,
ces divins poètes qui appellent leurs fleurs :
J'ai joui de mon ami dans le jardin !...

Les Chinois ont raison d'être fiers du Jardin des Supplices, le plus complètement
beau, peut-être, de toute la Chine où, pourtant, il en est de merveilleux. Là, sont réunies les essences les plus rares de leur flore,
les plus délicates, comme les plus robustes,
celles qui viennent des névés de la montagne,
celles qui croissent dans l'ardente fournaise
des plaines, celles aussi, mystérieuses et farouches, qui se dissimulent au plus impénétrable des forêts et auxquelles les supers-
titions populaires prêtent des âmes de génies

malfaisants. Depuis le palétuvier jusqu'à
l'azalée saxatile, la violette cornue et biflore
jusqu'au népenthès distillatoire, l'hibiscus
volubile jusqu'à l'hélianthe stolonifère,
depuis l'audrosace, invisible dans sa fissure
de roc, jusqu'aux lianes les plus follement
enlaçantes, chaque espèce est représentée
par des spécimens nombreux qui, gorgés de
nourritures organiques et traités selon les
rites par de savants jardiniers, prennent des
développements anormaux, des colorations
dont nous avons peine, sous nos climats
moroses et dans nos jardins sans génie, à
imaginer la prodigieuse intensité.

Un vaste bassin que traverse l'arc d'un
pont de bois, peint en vert vif, marque le
milieu du jardin au creux d'un vallonnement
où aboutissent quantité d'allées sinueuses et
de sentes fleuries d'un dessin souple et d'une
harmonieuse ondulation. Des nymphéas, des
nélumbiums animent l'eau de leurs feuilles
processionnelles et de leurs corolles errantes
jaunes, mauves, blanches, roses, pourprées;
des touffes d'iris dressent leurs hampes
fines, au haut desquelles semblent percher
d'étranges oiseaux symboliques; des ou-

tomes panachés, des cypérus, pareils à des
chevelures, des luzules géantes, mêlent
leurs feuillages disparates aux inflores-
cences phalliformes et vulvoïdes des plus
stupéfiantes aroïdées. Par une combinaison
géniale, sur les bords du bassin, entre les
scolopendres godronnés, les trolles et les
inules, des glycines artistement taillées
s'élèvent et se penchent, en voûte, au-dessus
de l'eau qui reflète le bleu de leurs grappes
retombantes et balancées. Et des grues, en
manteau gris perle, aux aigrettes soyeuses,
aux caroncules écarlates, des hérons blancs,
des cigognes blanches à nuque bleue de la
Mandchourie, promènent parmi l'herbe
haute leur grâce indolente et leur majesté
sacerdotale.

Ici et là, sur des éminences de terre et de
rocs rouges tapissés de fougères naines,
d'androsaces, de saxifrages et d'arbustes ram-
pants, de sveltes et gracieux kiosques lan-
cent, au-dessus des bambous et des cedrètes,
le cône pointu de leurs toits ramagés d'or et
les délicates nervures de leurs charpentes dont
les extrémités s'incurvent et se retroussent
dans un mouvement hardi. Le long des
pentes, les espèces pullulent; épimèdes

17

issant d'entre les pierres, avec leurs fleurs
graciles, remuantes et voletantes comme des
insectes ; hémerocaltes orangés offrant aux
sphinx leur calice d'un jour, œnothères
blancs, leur coupe d'une heure ; opuntias
charnus, éomecons, morées, et des nappes,
des coulées, des ruissellements de primevères, ces primevères de la Chine, si abondamment polymorphes et dont nous n'avons,
dans nos serres, que des images appauvries ;
et tant de formes charmantes et bizarres, et
tant de couleurs fondues !... Et tout autour
des kiosques, entre des fuites de pelouses,
dans des perspectives frissonnantes, c'est
comme une pluie rose, mauve, blanche, un
fourmillement nuancé, une palpitation nacrée, carnée, lactée, et si tendre et si changeante qu'il est impossible d'en rendre avec
des mots la douceur infinie, la poésie inexprimablement édénique.

Comment avions-nous été transportés
là ?... Je n'en savais rien... Sous la poussée
de Clara, une porte, soudain, s'était ouverte
dans le mur du sombre couloir. Et, soudain,
comme sous la baguette d'une fée, ç'avait
été en moi une irruption de clarté céleste

et devant moi des horizons, des horizons!

Je regardais, ébloui ; ébloui de la lumière
plus douce, du ciel plus clément, ébloui même
des grandes ombres bleues que les arbres,
mollement, allongeaient sur l'herbe, ainsi
que de paresseux tapis; ébloui de la féerie
mouvante des fleurs, des planches de pivoines
que de légers abris de roseaux préservaient
de l'ardeur mortelle du soleil... Non loin de
nous, sur l'une de ces pelouses, un appareil
d'arrosage pulvérisait de l'eau dans laquelle
se jouaient toutes les couleurs de l'arc-en-
ciel, à travers laquelle les gazons et les fleurs
prenaient des translucidités de pierres précieuses.

Je regardais avidement, sans jamais me
lasser. Et je ne voyais alors aucun de ces
détails que je recomposai plus tard ; je ne
voyais qu'un ensemble de mystères et de
beautés dont je ne cherchais pas à m'expliquer la brusque et consolante apparition.
Je ne me demandais même pas, non plus, si
c'était de la réalité qui m'entourait ou bien
du rêve... Je ne me demandais rien... je ne
pensais à rien... je ne disais rien... Clara
parlait, parlait... Sans doute, elle me racontait encore des histoires et des his-

toires... Je ne l'écoutais pas, et je ne la
sentais pas, non plus, près de moi. En ce
moment, sa présence, près de moi, m'était
si lointaine! Si lointaine aussi sa voix... et
tellement inconnue!...

Enfin, peu à peu, je repris possession de
moi-même, de mes souvenirs, de la réalité
des choses, et je compris pourquoi et comment j'étais là...

Au sortir de l'enfer, encore tout blême de
la terreur de ces faces de damnés, les narines encore toutes remplies de cette odeur
de pourriture et de mort, les oreilles vibrant encore aux hurlements de la torture,
le spectacle de ce jardin me fut une détente
subite, après avoir été comme une exaltation inconsciente, comme une irréelle ascen-
sion de tout mon être vers les éblouisse-
ments d'un pays de rêve... Avec délices,
j'aspirai, à pleines gorgées, l'air nouveau
que tant de fins et mols aromes impré-
gnaient... C'était l'indicible joie du réveil,
après l'oppressant cauchemar... Je savourai
cette ineffable impression de délivrance de
quelqu'un, enterré vivant dans un épouvantable ossuaire, et qui vient d'en soulever la
pierre et de renaître, au soleil, avec sa

chair intacte, ses organes libres, son âme
toute neuve...

Un banc, fait de troncs de bambous, se
trouvait là, près de moi, à l'ombre d'un
immense frêne dont les feuilles pourpres,
étincelant dans la lumière, donnaient l'illusion d'un dôme de rubis... Je m'y assis, ou
plutôt, je m'y laissai tomber, car la joie de
toute cette vie splendide me faisait presque
défaillir, maintenant, d'une volupté igno-
rée.

Et je vis, à ma gauche, gardien de pierre
de ce jardin, un Buddha, accroupi sur une
roche, qui montrait sa face tranquille, sa
face de Bonté souveraine, toute baignée
d'azur et de soleil. Des jonchées de fleurs,
des corbeilles de fruits couvraient le socle
du monument d'offrandes propitiatoires et
parfumées. Une jeune fille, en robe jaune,
se haussait jusqu'au front de l'exorable dieu,
qu'elle couronnait pieusement de lotus et
de cypripèdes... Des hirondelles voletaient
autour, en poussant de petits cris joyeux...
Alors, je songeai — avec quel religieux enthousiasme, avec quelle adoration mys-
tique! — à la vie sublime de celui qui, bien
avant notre Christ, avait prêché aux

17.

hommes la pureté, le renoncement et l'amour...

Mais, penchée sur moi comme le péché, Clara, la bouche rouge et pareille à la fleur de cydoine, Clara, les yeux verts, du vert grisâtre qu'ont les jeunes fruits de l'aman-dier, ne tarda pas à me ramener à la réalité, et elle me dit, en me désignant dans un grand geste le jardin :

— Vois, mon amour, comme les Chinois sont de merveilleux artistes et comme ils savent rendre la nature complice de leurs raffinements de cruauté!... En notre af-freuse Europe qui, depuis si longtemps, ignore ce que c'est que la beauté, on sup-plicie secrètement au fond des geôles, ou sur les places publiques, parmi d'ignoble foules avinées... Ici, c'est parmi les fleurs parmi l'enchantement prodigieux et le pro-digieux silence de toutes les fleurs, que se dressent les instruments de torture et de mort, les pals, les gibets et les croix... Tu vas les voir, tout à l'heure, si intimement mêlés aux splendeurs de cette orgie florale, aux harmonies de cette nature unique et magique, qu'ils semblent, en quelque sorte, faire corps avec elle, être les fleurs miracueuses de ce sol et de cette lumière...

Et, comme je n'avais pu réprimer un geste d'impatience:

— Bête! fit Clara... petite bête qui ne comprend rien!...

Le front barré d'une ombre dure, elle continua :

— Voyons !... Etant triste, ou malade, as-tu, quelquefois, passé dans une fête ?... Alors, tu as senti combien ta tristesse s'irritait, s'exaspérait, comme d'une offense, à la joie des visages, à la beauté des choses... C'est une impression intolérable... Pense à ce que cela doit être pour le patient qui va mourir dans les supplices... Songe combien la torture se multiplie dans sa chair et dans son âme de tout le resplendissement qui l'environne... et combien l'agonie s'y fait plus atroce, plus désespérément atroce, cher petit cœur !...

— Je songeais à l'amour, répliquai-je sur un ton de reproche... Et voilà que vous me parlez encore, que vous me parlez toujours de supplices !...

— Sans doute !... puisque c'est la même chose...

Elle était restée près de moi, debout, ses

mains sur mon épaule. Et l'ombre rouge du
frêne l'enveloppait comme d'une lueur de
feu... Elle s'assit sur le banc, et elle poursuivit :

— Et puisqu'il y a, des supplices partout
où il y a des hommes... Je n'y peux rien,
mon bébé, et je tâche de m'en accom-
moder et de m'en réjouir, car le sang est un
précieux adjuvant de la volupté... C'est le
vin de l'amour...

Elle traça, dans le sable, du bout de son
ombrelle, quelques figures, naïvement indé-
centes, et elle dit :

— Je suis sûre que tu crois les Chinois plus
féroces que nous?... Mais non... mais non !...
Nous, les Anglais?... Ah! parlons-en !... Et
vous les Français?... Dans votre Algérie,
aux confins du désert, j'ai vu ceci... Un jour,
des soldats capturèrent des Arabes... de
pauvres Arabes qui n'avaient pas commis
d'autre crime que de fuir les brutalités de
leurs conquérants... Le colonel ordonna
qu'ils fussent mis à mort sur-le-champ, sans
enquête, ni procès... Et voici ce qui arriva...
Ils étaient trente... on creusa trente trous
dans le sable, et on les y enterra jusqu'au
col, nus, la tête rase, au soleil de midi...

Afin qu'ils ne.mourussent pas trop vite... on
les arrosait, de temps en temps, comme des
choux... Au bout d'une demi-heure, les paupières s'étaient gonflées... les yeux sortaient
de l'orbite... les langues tuméfiées emplissaient les bouches, affreusement ouvertes...
et la peau craquait, se rissolait sur les
crânes... C'était sans grâce, je t'assure, et
même sans terreur, ces trente têtes mortes,
hors du sol, et semblables à d'informes cailloux!... Et nous?... C'est pire encore!... Ah!
je me rappelle l'étrange sensation que j'éprouvai quand, à Kandy, l'ancienne et morne
capitale de Ceylan, je gravis les marches
du temple où les Anglais égorgèrent, stupidement, sans supplices, les petits princes
Modéliars que les légendes nous montrent
si charmants, pareils à ces icones chi-
noises, d'un art si merveilleux, d'une grâce
si hiératiquement calme et pure, avec leur
nimbe d'or et leurs longues mains joir:-
tes... Je sentis qu'il s'était accompli là...
sur ces marches sacrées, non encore lavées
de ce sang par quatre-vingts ans de possession violente, quelque chose de plus horrible qu'un massacre humain : la destruction d'une précieuse, émouvante, innocente

beauté... Dans cette Inde agonisante et
toujours mystérieuse, à chaque pas que l'on
fait sur le sol ancestral, les traces de cette
double barbarie européenne demeurent...
Les boulevards de Calcutta, les fraîches
villas himalayennes de Dardjilling, les tri-
bades de Benarès, les fastueux hôtels des
traitants de Bombay n'ont pu effacer l'impression de deuil et de mort que laissent
partout l'atrocité du massacre sans art, et le
vandalisme et la destruction bête... Ils l'accentuent, au contraire... En n'importe quels
endroits où elle parut, la civilisation montre
cette face gémellée de sang stérile et de
ruines à jamais mortes... Elle peut dire
comme Attila : « L'herbe ne croît plus où
mon cheval a passé. »... Regarde ici, devant
toi, autour de toi... Il n'est pas un grain de
sable qui n'ait été baigné de sang... et ce
grain de sable lui-même, qu'est-il sinon
de la poussière de mort?... Mais comme
ce sang est généreux et féconde cette poussière !... Regarde... l'herbe est grasse...
les fleurs pullulent... et l'amour est partout !...

Le visage de Clara s'était ennobli... Une
mélancolie très douce atténuait la barre

d'ombre de son front, voilait les flammes
vertes de ses yeux... Elle reprit :

— Ah ! que la petite ville morte de Kandy
me sembla triste et poignante ce jour-là !...
Dans la chaleur torride, un lourd silence
planait, avec les vautours, sur elle... Quelques Hindous sortaient du temple où ils
avaient porté des fleurs au Buddha... La
douceur profonde de leurs regards, la no-
blesse de leur front, la faiblesse souffrante
de leur corps, consumé par la fièvre, la lenteur biblique de leur démarche, tout cela
m'émut jusques au fond des entrailles... Ils
semblaient en exil, sur la terre natale, près
de leur Dieu si doux, enchaîné et gardé par
les cipayes... Et, dans leurs prunelles
noires, il n'y avait plus rien de terrestre...
plus rien qu'un rêve de libération corpo-
relle, l'attente des nirvanas pleins de lumière... Je ne sais quel respect humain me
retint de m'agenouiller devant ces douloureux, ces vénérables pères de ma race, de ma
race parricide... Je me contentai de les saluer humblement... Mais ils passèrent sans
me voir... sans voir mon salut... sans voir
les larmes de mes yeux... et l'émotion filiale
qui me gonflait le cœur... Et quand ils

eurent passé, je sentis que je haïssais l'Europe, d'une haine qui ne s'éteindrait jamais...

S'interrompant, tout d'un coup, elle me demanda :

— Mais je t'ennuie, dis? Je ne sais pas pourquoi je te raconte tout cela... Ça n'a aucun rapport... Je suis folle!...

— Non,.. non... chère Clara, répondis-je en lui baisant les mains... Je vous aime, au contraire, de me parler ainsi... Parlez-moi toujours ainsi!...

Elle continua :

— Après avoir visité le temple, pauvre et nu, qu'un gong décore à l'entrée, seul vestige des richesses anciennes, après avoir respiré l'odeur des fleurs dont l'image du Buddha était toute jonchée, je remontai mélancoliquement vers la ville... Elle était déserte... Evocation grotesque et sinistre du progrès occidental, un pasteur — seul être humain — y rôdait, rasant les murs, une fleur de lotus au bec... Sous cet aveuglant soleil, il avait conservé, comme dans les brumes métropolitaines, son caricatural uniforme de clergyman, feutre noir et mou, longue redingote noire à col droit et crasseux, pantalon noir, retombant, en vrilles crapuleuses,

sur de massives chaussures de roulier... Ce
costume revèche de prédicant s'accompagnait d'une ombrelle blanche, sorte de
punka portatif et dérisoire, unique conces-
sion faite par le cuistre aux mœurs locales
et au soleil de l'Inde que les Anglais n'ont pu,
jusqu'ici, transformer en brouillard de suie.
Et je songeai, non sans irritation, qu'on ne
peut faire un pas, de l'équateur au pôle, sans
se heurter à cette face louche, à ces yeux
rapaces, à ces mains crochues, à cette
bouche immonde qui, sur les divinités charmantes et les mythes adorables des religions-
enfants, va soufflant, avec l'odeur du gin
cuvé, l'effroi des versets de la Bible.

Elle s'anima. Ses yeux exprimaient une
haine généreuse que je ne leur connaissais
pas. Oubliant ce lieu où nous étions, ses
enthousiasmes criminels de tout à l'heure
et ses exaltations sanglantes, elle dit :

— Partout où il y a du sang versé à légiti-
mer, des pirateries à consacrer, des violations
à bénir, de hideux commerces à protéger,
on est sûr de le voir, ce Tartufe britannique,
poursuivre, sous prétexte de prosélytisme
religieux ou d'étude scientifique, l'œuvre de
la conquête abominable. Son ombre astu-

cieuse et féroce se profile sur la désolation
des peuples vaincus, accolée à celui du soldat
égorgeur et du shylock rançonnier. Dans les
forêts vierges, où l'Européen est plus justement redouté que le tigre, au seuil de
l'humble paillotte dévastée, entre les cases
incendiées, il apparaît, après le massacre,
comme, les soirs de bataille, l'écumeur d'ar
mée qui vient détrousser les morts. Digne
pendant, d'ailleurs, de son concurrent, le
missionnaire catholique qui, lui aussi,
apporte la civilisation au bout des torches,
à la pointe des sabres et des baïonnettes...
Hélas!... la Chine est envahie, rongée par
ces deux fléaux... Dans quelques années, il
ne restera plus rien de ce pays merveilleux,
où j'aime tant à vivre!...

Tout à coup, elle se leva, et poussant un
cri :

— Et la cloche, mon amour!... On n'entend plus la cloche... Ah! mon Dieu... il
sera mort!... Pendant que nous étions là, à
causer, on l'aura, sans doute, conduit au
charnier... Et nous ne le verrons pas!...
C'est de ta faute, aussi...

Elle m'obligea à me lever du banc...

— Vite!... vite ! chéri!...

— Rien ne nous presse, ma chère Clara...
Nous verrons toujours assez d'horreurs...
Parle-moi encore comme tu me parlais il
y a une seconde où j'aimais tant ta voix, où
j'aimais tant tes yeux !

Elle s'impatienta :

— Vite!... vite!... Tu ne sais pas ce que
tu dis!...

Ses yeux étaient redevenus durs, sa voix
haletante, sa bouche impérieusement cruelle
et sensuelle... Il me sembla que le Buddha
lui-même tordait, maintenant, dans un
mauvais soleil, une face ricanante de bourreau... Et j'aperçus la jeune fille aux
offrandes qui s'éloignait, dans une allée,
entre des pelouses, là-bas... Sa robe jaune
était toute menue, légère et brillante, comme
une fleur de narcisse.

L'allée où nous marchions était bordée
de pêchers, de cerisiers, de cognassiers,
d'amandiers, les uns nains et taillés selon
des formes bizarres, les autres, libres, en
touffes, et poussant dans tous les sens leurs
longues branches, chargées de fleurs. Un
petit pommier dont le bois, les feuilles et
les fleurs étaient d'un rouge vif, imitait la

forme d'un vase pansu. Je remarquai aussi
un arbre admirable, qu'on appelle le poirier
à feuilles de bouleau. Il s'élevait en pyramide
parfaitement droite, à la hauteur de six mètres,
et, de la base très large au sommet en cône
pointu, il était tellement couvert de fleurs
qu'on ne voyait ni ses feuilles, ni ses branches. D'innombrables pétales ne cessaient de
se détacher, alors que d'autres s'ouvraient,
et ils voletaient autour de la pyramide, et ils
tombaient lentement sur les allées et les
pelouses qu'ils couvraient d'une blancheur
de neige. Et l'air, au loin, s'imprégnait de
subtiles odeurs d'églantine et de réséda.
Puis, nous longeâmes des massifs d'arbustes
que décoraient, avec les deutzias parviflores,
aux larges corymbes rosés, ces jolies ligus-
trines de Pékin, au feuillage velu, aux
grandes panicules plumeuses de fleurs blanches, poudrées de soufre.

C'était, à chaque pas, une joie nouvelle,
une surprise des yeux qui me faisait pousser
des cris d'admiration. Ici, une vigne dont
j'avais remarqué, dans les montagnes de
l'Annam, les larges feuilles blondes, irrégu-
lièrement échancrées et dentelées, aussi
dentelées, aussi échancrées, aussi larges que

les feuilles du ricin, enlaçait de ses ventouses
un immense arbre mort, montait jusqu'au
faîte du branchage et, de là, retombait en
cascade, en cataracte, en avalanche, proté-
geant tout une flore d'ombre qui s'épanouis-
sait à la base entre les nefs, les colonnades
et les niches formées par ses sarments crou-
lants. Là, un stéphanandre exhibait son
feuillage paradoxal, précieusement ouvré
comme un cloisonné et dont je m'émerveil-
lais qu'il passât par toute sorte de colorations, depuis le vert paon jusqu'au bleu
d'acier, le rose tendre jusqu'au pourpre
barbare, le jaune clair jusqu'à l'ocre brun.
Tout près, un groupe de viburnums gigantesques, aussi hauts que des chênes, agi-
taient de grosses boules neigeuses à la
pointe de chaque rameau.

De place en place, agenouillés dans l'herbe,
ou perchés sur des échelles rouges, des jardiniers faisaient courir des clématites sur
de fines armatures de bambous ; d'autres
enroulaient des ipomées, des calystégies sur
de longs et minces tuteurs de bois noir... Et,
partout, dans les pelouses, les lis élevaient
leurs tiges, prêtes à fleurir.

Arbres, arbustes, massifs, plantes isolées

18.

ou groupées, il semblait tout d'abord qu'ils
eussent poussé là au hasard du germé, sans
méthode, sans culture, sans autre volonté
que la nature, sans autre caprice que la vie.
. Erreur. L'emplacement de chaque végétal
avait été, au contraire, laborieusement étu-
dié et choisi, soit pour que les couleurs et les
formes se complétassent, se fissent mieux
valoir l'une par l'autre, soit pour ménager
des plans, des fuites aériennes, des perspectives florales et multiplier les sensations, en
combinant les décors. La plus humble des
fleurs, de même que l'arbre le plus géant,
concourait, par sa position même, à une har-
monie inflexible, à un ensemble d'art, dont
l'effet était d'autant plus émouvant qu'il ne
sentait ni le travail géométrique, ni l'effort
décoratif.

Tout, aussi, semblait avoir été disposé, par
la munificence de la nature, pour le triomphe
des pivoines.

Sur les pentes douces, semées, en guise
de gazon, d'aspérules odorantes et de crucia-
nelles roses, du rose passé des vieilles soies,
des pivoines, des champs de pivoines arbo-
rescentes déroulaient de somptueux tapis.

Près de nous, il y en avait d'isolées, qui nous tendaient d'immenses calices rouges, noirs, cuivrés, orangés, pourprés. D'autres, idéalement pures, offraient les plus virginales nuances du rose et du blanc. Réunies en foule chatoyante, ou bien solitaires au bord de l'allée, méditatives au pied des arbres, amoureuses le long des massifs, les pivoines étaient bien réellement les fées, les reines miraculeuses de ce miraculeux jardin.

Partout où le regard se posait, il rencontrait une pivoine. Sur les ponts de pierre, entièrement recouverts de plantes saxatiles et qui, de leurs arches audacieuses, relient les masses de rochers et font communiquer entre eux les kiosques, les pivoines passaient, pareilles à une foule en fête. Leur procession brillante ascensionnait les tertres, autour desquels montent, se croisent, s'enchevêtrent les allées et les sentes que bordent de menus fusains argentés et des troènes taillés en haies. J'admirai un monticule où sur des murs très bas, très blancs, construits en colimaçon, s'étendaient, protégées par des nattes, les plus précieuses espèces de pivoines, que d'habiles artistes avaient assouplies aux formes multiples de l'espalier. Dans l'intervalle de ces murs, des pivoines immémoriales, en boule sur de hautes tiges nues, s'espaçaient, dans des caisses carrées. Et le sommet se couronnait de touffes épaisses, de libres buissons de la plante sacrée dont la floraison, si éphémère en Europe, se succède ici durant toutes les saisons. Et, à ma droite, à ma gauche, toutes proches de moi, ou bien perdues dans les perspectives lointaines, c'étaient encore, c'étaient toujours des pivoines, des pivoines, des pivoines...

Clara s'était remise à marcher très vite, presque insensible à cette beauté; elle marchait, le front barré d'une ombre dure, les prunelles ardentes... On eût dit qu'elle allait, emportée par une force de destruction... Elle parlait, et je ne l'entendais pas, ou si peu! Les mots de « mort, de charme, de torture, d'amour.», qui, sans cesse, tombaient de ses lèvres, ne me semblaient plus qu'un écho lointain, une toute petite voix de cloche à peine perceptible, là-bas, là-bás, et fondue dans la gloire, dans le triomphe, dans la volupté sereine et grandiose de cette éblouissante vie.

Clara marchait, marchait, et je marchais près d'elle, et partout, c'étaient, avec les surprises nouvelles des pivoines, des arbustes de rêve ou de folie, des fusains bleus, des houx aux violentes panachures, des magnolias gaufrés, frisés, des cèdres nains qui s'ébouriffaient comme des chevelures, des aralias, et de hautes graminées, des eulalies géantes dont les feuilles en ruban retombent et ondulent, pareilles à des peaux de serpents, lamées d'or. C'étaient aussi des essences tropicales, des arbres inconnus sur le tronc desquels se balançaient d'impures orchidées ; le banian de l'Inde, qui s'enracine dans le sol par ses branches multipliantes ; d'immenses musas et, sous l'abri de leurs feuilles, des fleurs comme des insectes, comme des oiseaux, tel le féerique strelitzia, dont les pétales jaunes sont des ailes, et qu'anime un vol perpétuel.

Tout à coup, Clara s'arrêta, comme si un bras invisible se fût posé sur elle, brutalement.

Inquiète, nerveuse, les narines battantes, ainsi qu'une biche qui vient de flairer dans le vent l'odeur du mâle, elle huma l'air autour d'elle. Un frémissement, que je connaissais

pour être l'avant-coureur du spasme, par-
courut tout son corps. Ses lèvres devinrent
instantanément plus rouges et gonflées

— As-tu senti?... fit-elle d'une voix brève
et sourde.

— Je sens l'arome des pivoines qui emplit le jardin... répondis-je.

Elle frappa la terre de son pied impatient :

— Ce n'est pas cela!... Tu n'as pas
senti?... Rappelle-toi!...

Et, ses narines encore plus ouvertes, ses
yeux plus brillants, elle dit :

— Cela sent, comme quand je t'aime!...

Alors, vivement, elle se pencha sur une
plante, un thalictre qui, au bord de l'allée,
dressait une longue tige fine, branchue,
rigide, d'un violet clair. Chaque rameau
axillaire sortait d'une gaîne ivoirine en
forme de sexe et se terminait par une
grappe de toutes petites fleurs, serrées l'une
contre l'autre et couvertes de pollen...

— C'est elle!... c'est elle!... Oh! mon
chéri!...

En effet, une odeur puissante, phosphatée,
une odeur de semence humaine montait de
cette plante... Clara cueillit la tige, me força

à en respirer l'étrange odeur, puis, me
barbouillant le visage de pollen :

— Oh! chéri,... chéri!... fit-elle... la
belle plante!... Et comme elle me grise!...
Comme elle m'affole!... Est-ce curieux qu'il
y ait des plantes qui sentent l'amour?...
Pourquoi, dis?... Tu ne sais pas?... Eh bien,
je le sais, moi... Pourquoi y aurait-il tant
de fleurs qui ressemblent à des sexes, si ce
n'est pas parce que la nature ne cesse de
crier aux êtres vivants par toutes ses formes
et par tous ses parfums : « Aimez-vous!...
aimez-vous!... faites comme les fleurs...
Il n'y a que l'amour!... » Dis-le aussi qu'il
n'y a que l'amour. Oh! dites-le vite, cher
petit cochon adoré...

Elle continua de humer l'odeur du thalictre et d'en mâchonner la grappe, dont le
pollen se collait à ses lèvres. Et brusquement, elle déclara :

— J'en veux dans le jardin... j'en veux
dans ma chambre... dans le kiosque... dans
toute la maison... Sens, petit cœur, sens!...
Une simple plante... est-ce admirable!. Et
maintenant, viens,... viens!... Pourvu
que nous n'arrivions pas trop tard... à la
cloche!...

Avec une moue, qui était comique et tragique, tout ensemble, elle dit encore :

— Pourquoi aussi t'es-tu attardé là-bas, sur
ce banc?... Et toutes ces fleurs !... Ne les
regarde pas... ne les regarde plus... Tu les
verras mieux après... après avoir vu souffrir, après avoir vu mourir. Tu verras comme
elles sont plus belles, quelle ardente passion
exaspère leurs parfums !... Sens encore,
mon chéri,... et viens... Et prends mes
seins... Comme ils sont durs !... Leurs pointes
s'irritent à la soie de ma robe... on dirait
d'un fer chaud qui les brûle... C'est délicieux... Viens donc...

Elle se mit à courir, le visage tout jaune de
pollen, la tige de thalictre entre les dents...

Clara ne voulut pas s'arrêter devant une
autre image de Buddha dont la face crispée
et mangée par le temps se tordait dans le
soleil. Une femme lui offrait des branches
de cydoine, et ces fleurs me semblèrent de
petits cœurs d'enfant... Au détour d'une
allée, nous croisâmes, portée par deux
hommes, une civière sur laquelle se mou-
vait une sorte de paquet de chair sanglante,
une sorte d'être humain, dont la peau, cou-

pée en lanières, traînait sur le sol, comme des guenilles. Bien qu'il fût impossible de reconnaître le moindre vestige d'humanité dans cette plaie hideuse qui, pourtant, avait été un homme, on sentait que, par un prodige, cela respirait encore. Et des gouttes rouges, des traînées de sang marquaient l'allée.

Clara cueillit deux fleurs de pivoine et les déposa sur la civière, silencieusement, d'une main tremblante. Les porteurs découvrirent, dans un sourire de brute, leurs gencives noires et leurs dents laquées... et, quand la civière eut passé :

— Ah! ah!... Je vois la cloche.... dit Clara... je vois la cloche...

Et, tout autour de nous, et tout autour de la civière qui s'éloignait, c'était comme une pluie rose, mauve et blanche, un fourmillement nuancé, une palpitation carnée, lactée, nacrée, et si tendre et si changeante, qu'il est impossible d'en rendre, avec des mots, la douceur infinie et le charme inexprimablement édénique...

VI

Nous laissâmes l'allée circulaire sur
laquelle s'embranchent d'autres allées
sinuant vers le centre, et qui longe un talus,
planté d'une quantité d'arbustes rares et
précieux, et nous prîmes une petite sente
qui, dans une dépression du terrain, about-
tissait directement à la cloche. Sentes et
allées étaient sablées de brique pulvérisée
qui donne au vert des pelouses et des feuillages une extraordinaire intensité et comme
une transparence d'émeraude sous la lumière d'un lustre. A droite, des pelouses
fleuries; à gauche, des arbustes encore.
Acers roses, frottés d'argent pâle, d'or vif,
de bronze ou de cuivre rouge; mahonias
dont les feuilles de cuir mordoré ont la
largeur des palmes du cocotier; éleagnus

qui semblent avoir été enduits de laques
polychromes : pyrus, poudrés de mica;
lauriers sur lesquels miroitent et papillotent
les mille facettes d'un cristal irisé; cala-
diums dont les nervures de vieil or sertissent
des soies brodées et des dentelles roses;
thuyas bleus, mauves, argentés, panachés de
jaunes malades, d'orangés vénéneux; tamarix blonds, tamarix verts, tamarix rouges,
dont les branches flottent et ondulent dans
l'air, pareilles à de menues algues dans la
mer; cotonniers dont les houppes s'envolent
et voyagent sans cesse à travers l'atmosphère; salix et l'essaim joyeux de leurs
graines ailées; clérodendrons étalant ainsi
que des parasols leurs larges ombelles incar-
nadines... Entre ces arbustes, dans les
parties ensoleillées, des anémones, des
renoncules, des heucheras se mêlaient au
gazon; dans les parties ombrées se mon-
traient d'étranges cryptogames, des mousses
couvertes de minuscules fleurettes blanches,
et des lichens semblables à des agglomé-
rations de polypes, à des masses madrépo-
riques. C'était un enchantement perpétuel.

Et, de cet enchantement floral, se dressaient des échafauds, des appareils de cruci-

fixion, des gibets aux enluminures violentes,
des potences toutes noires au sommet desquelles ricanaient d'affreux masques de démons; hautes potences pour la strangulation
simple, gibets plus bas et machinés pour le
dépècement des chairs. Sur les fûts de ces
colonnes de supplice, par un raffinement
diabolique, des calystégies pubescentes, des
ipomées de la Daourie, des lophospermes,
des coloquintes enroulaient leurs fleurs,
parmi celles des clématites et des atra-
gènes... Des oiseaux y vocalisaient leurs
chansons d'amour...

Au pied d'un de ces gibets, fleuri comme
une colonne de terrasse, un tourmenteur,
assis, sa trousse entre les jambes, nettoyait
de fins instruments d'acier avec des chiffons
de soie; sa robe était couverte d'éclabous-
sures de sang; ses mains semblaient gantées
de rouge. Autour de lui, comme autour
d'une charogne, bourdonnaient et tourbil-
lonnaient des essaims de mouches... Mais,
dans ce milieu de fleurs et de parfums, cela
n'était ni répugnant, ni terrible. On eût dit,
sur sa robe, une pluie de pétales tombés
d'un cognassier voisin... Il avait, d'ailleurs,
un ventre pacifique et débonnaire... Son

visage, au repos, exprimait de la bonhomie, de la jovialité même; la jovialité d'un chirurgien qui vient de réussir une opération difficile... Comme nous passions près de lui, il leva ses yeux vers nous, et nous salua poliment.

Clara lui adressa la parole en anglais.

— Il est vraiment fâcheux que vous ne soyez pas venus une heure plus tôt, dit ce brave homme... Vous auriez vu quelque chose de très beau... et qu'on ne voit pas tous les jours... Un travail extraordinaire, milady!... J'ai retaillé un homme, des pieds à la tête, après lui avoir enlevé toute la peau... Il était si mal bâti !... Ha !... ha !... ha !...

Son ventre, secoué par le rire, s'enflait et se vidait, tour à tour, avec des bruits sourds de borborygme. Un tic nerveux lui faisait remonter la fente de la bouche jusqu'au zygome, en même temps que, par le même mouvement, les paupières, s'abaissant, allaient rejoindre l'extrémité des lèvres, parmi des plis gras de la peau. Et c'était une grimace — une multitude de grimaces — qui donnaient à son visage une expression de cruauté comique et macabre. Clara demanda :

— C'est lui, sans doute, que nous avons rencontré sur une civière, tout à l'heure ?

— Ah! vous l'avez rencontré?... cria le bonhomme flatté... Eh bien, qu'en dites-vous?...

— Quelle horreur!... fit Clara d'une voix tranquille, qui démentait le dégoût de son exclamation.

Alors le bourreau expliqua :

— C'était un misérable coolie du port... rien du tout, milady... Certes, il ne méritait pas l'honneur d'un si beau travail... Il avait, paraît-il, volé un sac de riz à des Anglais... nos chers et bons amis les Anglais... Quand je lui eus enlevé la peau et qu'elle ne tenait plus à ses épaules que par deux petites boutonnières... je l'obligeai à marcher, milady... Ha!... ha!... ha!... La bonne idée, vraiment!... C'était à se tordre les côtes... On eût dit qu'il avait sur le corps, comment appelez-vous cette chose?...Ah!oui, ma foi!... un mac-farlane ?... Jamais il n'avait été si bien vêtu, le chien, ni par un plus parfait tailleur... Mais il avait les os si durs que j'y ai ébréché ma scie... cette belle scie que voilà.

Un petit morceau blanchâtre et graisseux

était resté entre les dents de la scie... Il le
fit sauter d'un coup d'ongle et l'envoya se
perdre dans le gazon, parmi les fleurettes...

— C'est de la moelle, milady!... fit le
joyeux bonhomme... Il n'y en a pas pour
cher...

Et, hochant la tête, il ajouta :

— Il n'y en a pas souvent pour cher... car
nous travaillons, presque toujours, dans le
bas peuple...

Puis, d'un air de tranquille satisfaction :

— Hier, ma foi... ce fut très curieux...
D'un homme j'ai fait une femme... Hé!...
hé!... hé!... C'était à s'y méprendre... Et je
m'y suis mépris, pour voir... Demain, si les
génies veulent bien m'accorder la grâce que
j'aie une femme, à ce gibet... j'en ferai un
homme... C'est moins facile!... Ha!... ha!...

Sous l'effort d'un nouveau rire, son triple
menton, les bourrelets de son cou, et son
ventre tremblèrent comme de la gélatine...
Une seule ligne, rouge et arquée, reliait alors
le coin gauche de sa bouche à la commissure
de ses paupières droites, au milieu des bouf-
fissures et des rigoles par où coulaient de
minces filets de sueur et des larmes de rire.

Il introduisit la scie nettoyée et luisante

dans la trousse qu'il referma. La boîte en était charmante et d'un laque admirable : un vol d'oies sauvages, au-dessus d'un étang nocturne où la lune argentait les lotus et les iris.

A ce moment, l'ombre du gibet mit sur le corps du tourmenteur une barre transversale et violacée.

— Voyez-vous, milady, continua le bavard bonhomme, notre métier, de même que nos belles potiches, nos belles soies brodées, nos beaux laques — se perd de plus en plus... Nous ne savons plus, aujourd'hui, ce que c'est réellement que le supplice... Bien que je m'efforce à en conserver les traditions véritables... je suis débordé... et je ne puis, à moi tout seul, arrêter sa décadence... Que voulez-vous? Les bourreaux, on les recrute, maintenant, on ne sait où!... Plus d'examens, plus de concours... C'est la faveur seule, la protection qui décident des choix... Et quels choix, si vous saviez!... C'est honteux!... Autrefois on ne confiait ces importantes fonctions qu'à d'authentiques savants, à des gens de mérite, qui connaissaient parfaitement l'anatomie du corps humain, qui avaient des diplômes, de l'expérience, ou du génie na-

turel... Aujourd'hui, va te faire fiche! Le
moindre cordonnier peut prétendre à remplir ces places honorables et difficiles... Plus
de hiérarchie, plus de traditions! Tout s'en
va... Nous vivons dans une époque de
désorganisation... Il y a en Chine, milady,
quelque chose de pourri...

Il soupira profondément et, nous montrant
ses mains toutes rouges, puis la trousse qui
brillait, dans l'herbe, à côté de lui :

— Et pourtant, je m'emploie de mon
mieux, comme vous avez pu voir, à relever
notre prestige aboli... Car je suis un vieux
conservateur, moi... un nationaliste intran-
sigeant... et je répugne à toutes ces pratiques, à toutes ces modes nouvelles que, sous
prétexte de civilisation, nous apportent les
Européens, et en particulier les Anglais...
Je ne voudrais pas médire des Anglais, milady... Ce sont de braves gens, et fort respec-
tables... Mais, il faut l'avouer, leur influence
sur nos mœurs a été désastreuse... Chaque
jour ils enlèvent à notre Chine son caractère
exceptionnel... Au seul point de vue du supplice, milady, ils nous ont fait beaucoup de
tort... beaucoup de tort... C'est grand dom-
mage !...

— Ils s'y connaissent, pourtant !... interrompit Clara, que ce reproche blessa dans son amour-propre national, car elle voulait bien se montrer sévère envers ses compatriotes qu'elle détestait, mais elle entendait les faire respecter par les autres.

Le tortionnaire haussa les épaules et, sous l'empire du tic nerveux, il en arriva à composer sur son visage la grimace la plus impérieusement comique qui se pût voir sur un visage humain. Et, pendant que nous avions grand'peine, malgré l'horreur, à retenir nos rires, il déclara péremptoirement :

— Non, milady, ils ne s'y connaissent pas du tout... Sous ce rapport, ce sont de vrais sauvages... Voyons, dans les Indes — ne parlons que des Indes — quel travail grossier et sans art !... Et comme ils ont bêtement — oui bêtement — gaspillé la mort !...

Il joignit ses mains sanglantes, comme pour une prière, leva ses yeux vers le ciel et, d'une voix où semblaient pleurer tant de regrets :

— Quand on songe, milady, s'écria-t-il, à toutes les choses admirables qu'ils avaient à faire là-bas... et qu'ils n'ont pas faites... et

qu'ils ne feront jamais!... C'est impardon-
nable...

— Ça, par exemple ! protesta Clara... vous
ne savez pas ce que vous dites...

— Que les génies m'emportent, si je
mens!... s'exclama le gros bonhomme.

Et, d'une voix plus lente, avec des gestes
didactiques, il professa :

— En supplice, comme en toutes choses,
les Anglais ne sont pas des artistes... Toutes
les qualités que vous voudrez, milady, mais
pas celle-là... non, non, non.

— Allons donc!... Ils ont fait pleurer toute
l'humanité !...

— Mal, milady... très mal... rectifia le
bourreau... C'est que l'art ne consiste pas à
tuer beaucoup... à égorger, massacrer, exter-
miner, en bloc, les hommes... C'est trop
facile, vraiment... L'art, milady, consiste à
avoir tuer, selon des rites de beauté dont
nous autres Chinois connaissons seuls le
secret divin... Savoir tuer!... Rien n'est plus
rare, et tout est là... Savoir tuer!... C'est-à-
dire travailler la chair humaine, comme un
sculpteur sa glaise ou son morceau d'ivoire...
en tirer toute la somme, tous les prodiges de
souffrance qu'elle recèle au fond de ses té-

nèbres et de ses mystères... Voilà !... Il y faut
de la science, de la variété, de l'élégance, de
l'invention... du génie, enfin... Mais, tout
se perd aujourd'hui... Le snobisme occidental qui nous envahit, les cuirassés, les
canons à tir rapide, les fusils à longue portée,
l'électricité, les explosifs... que sais-je ?...
tout ce qui rend la mort collective, admi-
nistrative et bureaucratique... toutes les sa-
letés de votre progrès, enfin... détruisent
peu à peu, nos belles traditions du passé...
Il n'y a qu'ici, dans ce jardin, où elles soient
encore conservées tant bien que mal... où
nous essayons du moins de les maintenir
tant bien que mal... Que de difficultés !... que
d'entraves !... que de luttes continuelles, si
vous saviez !... Hélas ! je sens que ça n'est
plus pour longtemps... Nous sommes vaincus par les médiocres... Et c'est l'esprit
bourgeois qui triomphe partout...

Sa physionomie eut alors une singulière
expression de mélancolie et d'orgueil, tout
ensemble, en même temps que ses gestes
révélèrent une profonde lassitude.

— Et pourtant, dit-il, moi qui vous parle,
milady... je ne suis pas le premier venu,
certes... Je puis me vanter d'avoir, toute ma

vie, travaillé avec désintéressement à la gloire de notre grand Empire... J'ai toujours été — et de beaucoup — le premier, dans les concours de tortures... J'ai inventé — croyez-moi — des choses véritablement sublimes, d'admirables supplices qui, dans un autre temps et sous une autre dynastie, m'eussent valu la fortune et l'immortalité... Eh bien, c'est à peine si l'on fait attention à moi... Je ne suis pas compris... Disons le mot : on me méprise... Que voulez-vous ?... Aujourd'hui le génie ne compte pour rien... personne n'y accorde plus le moindre mérite... C'est décourageant, je vous assure !... Pauvre Chine, jadis si artiste, si grandement illustre !... Ah ! je crains bien qu'elle ne soit mûre pour la conquête !...

D'un geste pessimiste et navré, il prit Clara à témoin de cette décadence, et ses grimaces furent quelque chose d'intraduisible...

— Enfin, voyons, milady !.. Est-ce pas à pleurer ?... C'est moi qui avais inventé le supplice du rat... Que les génies me rongent le foie et me tordent les testicules, si ce n'est pas moi !... Ah ! milady, un supplice extraordinaire, je vous jure... Originalité, pittoresque, psychologie, science de la douleur,

il avait tout pour lui... Et, par-dessus le
marché, il était infiniment comique... Il
s'inspirait de cette vieille gaieté chinoise, si
fort oubliée, de nos jours... Ah! comme il
eût excité la verve plaisante de tout le
monde!... quelle ressource pour les conversations languissantes!... Eh bien, ils y ont
renoncé... Pour mieux dire, ils n'en ont pas
voulu... Et cependant, les trois essais que
nous en fîmes devant les juges avaient eu un
succès colossal.

Comme nous n'avions pas l'air de le
plaindre, que ses récriminations de vieil employé nous agaçaient plutôt, le bourreau
répéta, en appuyant sur le mot :

— Colossal... co-los-sal !...

— Qu'est-ce que c'est que ce supplice du
rat ?... demanda mon amie... Et comment se
fait-il que je ne le connaisse point?

— Un chef-d'œuvre, milady... un pur
chef-d'œuvre !... affirma d'une voix retentis-
sante le gros homme, dont le corps flasque
se tassa davantage dans l'herbe.

— J'entends bien... mais encore?

— Un chef-d'œuvre, en vérité !... Et vous
voyez... vous ne le connaissez point... personne ne le connaît... Quelle pitié !... Com-

ment voulez-vous que je ne sois pas humi-
lié ?...

— Pouvez-vous nous le décrire?...

— Si je le puis?... Mais parfaitement oui,
je le puis... Je vais vous l'expliquer, et vous
jugerez... Suivez-moi bién...

Et le gros homme, avec des gestes précis qui
dessinaient, dans l'air, des formes, parla ainsi:

— Vous prenez un condamné, charmante
milady, un condamné, ou tout autre personnage, — car il n'est pas nécessaire, pour la
réussite de mon supplice, que le patient soit
condamné à n'importe quoi — vous prenez
un homme, autant que possible, jeune, fort,
et dont les muscles soient bien résistants...
en vertu de ce principe que, plus il y a force,
plus il y a lutte, plus il y a lutte, plus il y
a douleur!... Bon... Vous le déshabillez...
Bon... Et, quand il est tout nu — n'est-ce
pas, milady? —vous le faites s'agenouiller, le
dos courbé, sur la terre, où vous le mainte-
nez par des chaînes, rivées à des colliers de
fer qui lui serrent la nuque, les poignets, les
jarrets et les chevilles... Bon! Je ne sais si je
me fais bien comprendre?... Vous mettez
alors, dans un grand pot percé, au fond, d'un
petit trou — un pot de fleurs, milady! —

vous mettez un très gros rat, qu'il convient d'avoir privé de nourriture, pendant deux jours, afin d'exciter sa férocité... Et ce pot, habité par ce rat, vous l'appliquez hermétiquement, comme une énorme ventouse, sur les fesses du condamné, au moyen de solides courroies, attachées à une ceinture de cuir, qui lui entoure les reins... Ah! ah! ça se dessine!...

Il nous regarda, malicieusement, du coin de ses paupières rabattues, afin de juger de l'effet que ses paroles produisaient sur nous...

— Et alors?... fit Clara, simplement.

— Alors, milady, vous introduisez, dans le petit trou du pot — devinez quoi?

— Est-ce que je sais, moi?...

Le bonhomme se frotta les mains, sourit affreusement, et il reprit :

— Vous introduisez une tige de fer, rougie au feu d'une forge... d'une forge portative qui est là, près de vous... Et, quand la tige de fer est introduite, que se passe-t-il?... Ah! ah! ah!... Imaginez vous même ce qui doit se passer, milady?...

— Mais allez donc, vieux bavard!... ordonna mon amie dont les petits pieds colères trépignaient le sable de l'allée...

— Là!.., là!... calma le prolixe tourmenteur... Un peu de patience, milady... Et
procédons avec méthode, s'il vous plaît...
Donc, vous introduisez, dans le trou du pot,
une tige de fer, rougie au feu d'une forge...
Le rat veut fuir la brûlure, de la tige et
son éclaboussante lumière... Il s'affole, ca-
briole, saute et bondit, tourne sur les parois
du pot, rampe et galope sur les fesses de
l'homme, qu'il chatouille d'abord et qu'ensuite il déchire de ses pattes, et mord de ses
dents aiguës... cherchant une issue, à travers
les chairs fouillées et sanglantes... Mais, il
n'y a pas d'issue... ou, du moins, dans les
premières minutes de l'affolement, le rat ne
trouve pas d'issue... Et la tige de fer, ma-
nœuvrée avec habileté et lenteur, se rap-
proche toujours du rat... le menace... lui
roussit le poil... Que dites-vous de ce prélude?

Il respira, quelques secondes, et, posé-
ment, avec autorité, il enseigna :

— Le grand mérite, en ceci, est qu'il faut
savoir prolonger cette opération initiale le
plus qu'on peut, car les lois de la physiologie
nous apprennent qu'il n'est rien de plus
horrible que la combinaison sur une chair
humaine des chatouillements et des mor-

20.

sures... Il peut même arriver que le patient
en devienne fou... Il hurle et se démène...
son corps, resté libre dans l'intervalle des
colliers de fer, palpite, se soulève, se tord,
secoué par de douloureux frissons... Mais
les membres sont maintenus solidement par
les chaînes... le pot, par les courroies...
Et les mouvements du condamné ne font
qu'augmenter la fureur du rat, à laquelle,
bientôt, vient s'ajouter la griserie du sang...
C'est sublime, milady!...

  ' — Et enfin?... fit, d'une voix brève et
tremblée, Clara qui avait légèrement pâli.

Le bourreau claqua de la langue et il
poursuivit :

— Enfin — car je vois que vous êtes pressée de connaître le dénouement de cette
admirable et joviale histoire — enfin... sous
la menace de la tige rougie et grâce à l'excitation de quelques brûlures opportunes, le
rat finit par trouver une issue... une issue
naturelle, milady... et combien ignoble!...
Ah!... ah!... ah!...

— Quelle horreur!... cria Clara.

— Ah! vous voyez... Je ne vous le fais
pas dire... Et je suis fier de l'intérêt que
vous prenez à mon supplice... Mais atten-

dez . Le rat pénètre, par où vous savez... dans le corps de l'homme... en élargissant de ses pattes et de ses dents... le terrier... Ah!... ah!... ah!... le terrier qu'il
creuse frénétiquement, comme de la terre...
Et il crève étouffé, en même temps que le
patient, lequel, après une demi-heure d'in-
dicibles, d'incomparables tortures, finit, lui
aussi, par succomber, à une hémorragie...
quand ce n'est pas, à l'excès de la souffrance... ou encore à la congestion d'une
folie épouvantable... Dans tous les cas,
milady... et quelle que soit la cause finale à
cette mort, croyez que c'est extrêmement
beau!...

Satisfait, avec des airs d'orgueil triom-
phant, il conclut :

— Est-ce pas extrêmement beau, milady?
N'est-ce pas là, véritablement, une invention
prodigieuse... un admirable chef-d'œuvre,
en quelque sorte classique, et dont vous
chercheriez, vainement, l'équivalent, dans
le passé?... Je ne voudrais pas manquer de
modestie, mais convenez, milady, que les
démons qui, jadis, hantèrent les forêts du
Yunnam, n'imaginèrent jamais un pareil
miracle... Eh bien, les juges n'en ont pas

voulu!... Je leur apportais là, vous le sentez, quelque chose d'infiniment glorieux...
quelque chose d'unique, en son genre, et
capable d'enflammer l'inspiration de nos
plus grands artistes... Ils n'en ont pas
voulu... Ils ne veulent plus rien... plus
rien!... Le retour à la tradition classique les
effraie... Sans compter aussi toutes sortes
d'interventions morales, bien pénibles à
constater... l'intrigue, la concussion, la vé-
nalité concurrente... le mépris du juste...
l'horreur du beau... est-ce que je sais?...
Vous pensez du moins, je suis sûr, que, pour
un tel service, ils m'ont élevé au mandarinat?
Ah bien oui!... Rien, milady... je n'ai rien
eu... Ce sont là, des symptômes caractéristiques de notre déchéance... Ah! nous sommes
un peuple fini, un peuple mort!... Les Japonais peuvent venir... nous ne sommes plus
capables de leur résister... Adieu la Chine!...

Il se tut.

Le soleil gagnait l'Ouest, et l'ombre du
gibet, se déplaçant avec le soleil, s'allongeait
maintenant, sur l'herbe. Les pelouses devenaient d'un vert plus vif; une sorte de buée
rose et or montait des massifs arrosés, et
les fleurs s'irradiaient, plus lumineuses,

semblables à de petits astres multicolores,
dans le firmament de verdure... Un oiseau,
tout jaune, portant dans son bec une longue
brindille de coton, réintégra son nid, caché
au fond des feuillages qui garnissaient le fût
de la colonne de supplice, au pied de laquelle
était assis le tourmenteur.

Celui-ci, maintenant, rêvait, avec un visage plus placide et des grimaces apaisées,
où la mélancolie remplaçait la cruauté...

— C'est comme les fleurs!... murmura-
t-il, après un silence...

Un chat noir qui sortait des massifs vint,
l'échine arquée et la queue battante, se frot-
ter en ronronnant contre lui... Il le caressa
doucement. Puis le chat, ayant aperçu un
scarabée, s'allongea derrière une touffe
d'herbe et, l'oreille aux écoutes, les prunelles ardentes, il se mit à suivre, dans l'air,
le vol capricieux de l'insecte. Le bourreau,
dont cette arrivée avait interrompu les
plaintes patriotiques, hocha la tête et reprit :

— C'est comme les fleurs!... Nous avons
aussi perdu le sens des fleurs, car tout se
tient... Nous ne savons plus ce que c'est que
les fleurs... Croiriez-vous qu'on nous en

envoie d'Europe, à nous qui possédons la
flore la plus extraordinaire et la plus variée
du globe... Qu'est-ce qu'on ne nous envoie
pas aujourd'hui?... Des casquettes, des bi-
cyclettes, des meubles, des moulins à café,
du vin et des fleurs!... Et si vous saviez les
mornes sottises, les pauvretés sentimentales,
les folies décadentes que nos poètes débitent
sur les fleurs?... C'est effrayant!... Il y en a
qui prétendent qu'elles sont perverses!...
Perverses, les fleurs!... En vérité, on ne sait
plus quoi inventer... Avez-vous idée d'un
pareil non-sens, milady, et si monstrueux?...
Mais les fleurs sont violentes, cruelles, terribles et splendides... comme l'amour!...

Il cueillit une renoncule qui, près de lui,
au-dessus du gazon, balançait mollement
son capitule d'or, et, avec des délicatesses
infinies, lentement, amoureusement, il la fit
tourner entre ses gros doigts rouges où le
sang séché s'écaillait par places :

— Est-ce pas adorable?... répétait-il, en
la contemplant... C'est tout petit, tout fragile... et c'est toute la nature, pourtant...
toute la beauté et toute la force de la nature... Cela renferme le monde... Orga-
nisme chétif et impitoyable et qui va jus-

qu'au bout de son désir!... Ah! les fleurs
ne font pas de sentiment, milady... Elle
font l'amour... rien que l'amour... Et elles
le font tout le temps et par tous les bouts...
Elles ne pensent qu'à ça... Et comme
elles ont raison!... Perverses?... Parce
qu'elles obéissent à la loi unique de la Vie,
parce qu'elles satisfont à l'unique besoin
de la Vie, qui est l'amour?... Mais regardez
donc!... La fleur n'est qu'un sexe, milady...
Y a-t-il rien de plus sain, de plus fort, de
plus beau qu'un sexe?... Ces pétales merveilleux... ces soies, ces velours... ces douces, souples et caressantes étoffes... ce sont
les rideaux de l'alcôve... les draperies de la
chambre nuptiale... le lit parfumé où les
sexes se joignent... où ils passent leur vie
éphémère et immortelle à se pâmer d'amour.
Quel exemple admirable pour nous!

Il écarta les pétales de la fleur, compta
les étamines chargées de pollen, et il dit,
encore, les yeux noyés d'une extase burlesque :

— Voyez, milady!,.. Un... deux... cinq...
dix... vingt... Voyez comme elles sont fré-
missantes!... Voyez!... Ils se mettent,
quelquefois à vingt mâles pour le spasme

d'une seule femelle!... Hé!... hé!... hé!...
Quelquefois, c'est le contraire!...

Un à un, il arracha les pétales de la fleur :

— Et quand elles sont gorgées d'amour,
voilà que les rideaux du lit se déchirent...
que se dissolvent et tombent les draperies de
la chambre... Et les fleurs meurent... parce
qu'elles savent bien qu'elles n'ont plus rien
à faire... Elles meurent, pour renaître plus
tard, et encore, à l'amour!...

Jetant loin de lui le pédoncule dénudé, il
clama :

— Faites l'amour, milady... faites l'amour...
comme les fleurs!...

Puis, brusquement, il reprit sa trousse, se
leva, sa natte de travers, et, nous ayant
salués, il s'en alla, par les pelouses, foulant,
de son corps pesant et balancé, le gazon
tout fleuri de scilles, de doronies et de narcisses.

Clara le suivit du regard quelques instants,
et, comme nous nous remettions à marcher
vers la cloche :

— Est-il drôle, le gros patapouf! dit-elle...
Il a l'air bon enfant...

Je m'écriai stupidement :

— Comment pouvez-vous supposer une

telle chose, ma chère Clara?... Mais c'est un
monstre!... Il est même effrayant de penser
qu'il existe, quelque part, parmi des hommes,
un tel monstre!... Je sens que, dorénavant,
j'aurai toujours le cauchemar de cette face
horrible... et l'effroi de ces paroles... Vous
me faites beaucoup de peine, je vous assure...

Clara répliqua vivement :

— Et toi aussi, tu me fais de la peine...
Pourquoi prétends-tu que le gros patapouf
est un monstre?... Tu n'en sais rien!... Il
aime son art, voilà tout!... Comme le sculpteur aime la sculpture, et le musicien la
musique... Et il en parle merveilleusement!...
Est-ce curieux et agaçant que tu ne veuilles
pas te mettre dans l'esprit que nous sommes
en Chine et non, Dieu merci, à Hyde-Park
ou à la Bodinière, au milieu de tous les sales
bourgeois que tu adores?... Pour toi, les
mœurs devraient être les mêmes dans tous
les pays... Et quelles mœurs!... Belle conception!... Tu ne sens donc pas que ce serait
à mourir de monotonie, à ne jamais plus
voyager, mon cher!...

Et, tout d'un coup, d'un ton de reproche
plus accentué :

— Ah ! tu n'es pas gentil, vraiment... Pas
une minute ton égoïsme ne désarme, même
devant un tout petit plaisir que je te demande... Il n'y a pas moyen de s'amuser un
peu avec toi... Tu n'es jamais content de
rien... Tu me contraries en tout ce que
j'aime... Sans compter que, grâce à toi,
nous avons manqué le plus beau, peut-être !...

Elle soupira tristement :

— Voilà encore une journée perdue !... Je
n'ai pas de chance !...

J'essayai de me défendre et de la calmer :

— Non... non... insista Clara... c'est très
mal... Tu n'es pas un homme... Même du
temps d'Annie, c'était la même chose... Tu
nous gâtais tout notre plaisir avec tes éva-
nouissements de petite pensionnaire et de
femme enceinte... Quand on est comme toi,
on reste chez soi... Est-ce bête, vraiment ?...
On part, gais, heureux... pour s'amuser gentiment, voir des spectacles sublimes, s'exalter à des sensations extraordinaires,... et
puis, tout d'un coup, on devient triste... et
c'est fini !... Non, non !... c'est bête, bête...
c'est trop bête !...

Elle se pendit à mon bras, plus fort, et
elle eut une moue — une moue de fâcherie

et de tendresse — si exquise, que je sentis
courir, dans mes veines, un frisson de désir.

— Et moi, qui fais tout ce que tu veux...
comme un pauvre chien !... gémit-elle.

Puis :

— Je suis sûre que tu me crois méchante...
parce que je m'amuse à des choses qui te
font pâlir et trembler?... Tu me crois méchante et sans cœur, pas?...

Sans attendre ma réponse, elle affirma :

— Mais moi aussi, je pâlis... moi aussi je
tremble... Sans ça, je ne m'amuserais pas...
Alors, tu me crois méchante?...

— Non, chère Clara, tu n'es pas méchante... Tu es...

Elle m'interrompit vivement, me tendit
ses lèvres :

— Je ne suis pas méchante... Je ne veux
pas que tu me croies méchante... Je suis
une petite femme gentille et curieuse...
comme toutes les femmes... Et vous, vous
n'êtes qu'une vieille poule !... Et je ne vous
aime plus... Et baisez votre maman, cher
amour... baisez fort... plus fort... bien
fort... Non, je ne vous aime plus, petite
chiffe... Oui, tenez... c'est cela... vous n'êtes
qu'un amour de petite chiffe de rien du tout.

Gaie et sérieuse, souriante et le front barré
de plis d'ombre qu'elle avait, dans la colère
comme dans la volupté, elle ajouta :

— Dire que je ne suis qu'une femme...
une toute petite femme... une femme aussi
fragile qu'une fleur... aussi délicate et frêle
qu'une tige de bambou... et que, de nous
deux, c'est moi l'homme... et que je vaux dix
hommes comme toi !...

Et, le désir que provoquait en moi sa
chair se compliquait d'une immense pitié
pour son âme éperdue et folle.

Elle dit encore, avec un léger sifflement
de mépris, cette phrase qui, souvent, lui revenait aux lèvres :

— Les hommes !... ça ne sait pas ce que
c'est que l'amour, ni ce que c'est que la mort,
qui est bien plus belle que l'amour... Ça ne
sait rien... et c'est toujours triste,... et ça
pleure !... Et ça s'évanouit, sans raison, pour
des nunus !... Puutt !... Puutt !... Puutt !...

Changeant d'idées, comme un scarabée
de fleurs, soudain, elle demanda :

— Est-ce vrai ce que racontait, tout à
l'heure, le gros patapouf?

— Quoi donc, chère Clara?.. Et que vous
importe le gros patapouf!

— Tout à l'heure, le gros patapouf racontait que, chez les fleurs, ils se mettent quelquefois à vingt mâles pour le spasme d'une seule femelle?... C'est vrai, ça?

— Mais, oui !...

— Bien vrai?... Bien... bien vrai?

— Mais, sans doute !

— Il ne se moquait pas de nous, le gros patapouf?... Tu es sûr?...

— Es-tu drôle?... Pourquoi me demandes-tu cela?... Pourquoi me regardes-tu avec des yeux si étranges?... Puisque c'est vrai !...

— Ah !...

Elle resta songeuse... les paupières closes, une seconde... Son haleine s'enflait, sa gorge haletait presque... Et, très bas, elle murmura, en appuyant sa tête contre ma poitrine :

— Je voudrais être fleur... Je voudrais... je voudrais être... tout !...

— Clara !... suppliai-je... ma petite Clara...

Je la tins serrée, dans mes bras... Je la tins bercée, dans mes bras :

— Pas toi?... Toi, tu ne voudrais pas?... Oh ! toi, tu aimes mieux rester, toute ta vie, une petite chiffe molle !... Hou, le vilain !

Après un court silence, durant lequel nous entendions davantage, sous nos pas plus pesants, crier le sable rouge de l'allée, elle reprit, d'une voix chantante :

— Et je voudrais aussi... quand je serai morte... je voudrais que l'on mît dans mon cercueil des parfums très forts... des fleurs de thalictre... et des images de péché... de belles images, ardentes et nues, comme celles qui ornent les nattes de ma chambre... Ou bien... je voudrais... être ensevelie... sans robe et sans suaire, dans les cryptes du temple d'Elephanta... avec toutes ces étranges bacchantes de pierre... qui se caressent et se déchirent... de si furieuses luxures... Ah! mon chéri... je voudrais... je voudrais être morte, déjà!

Et, brusquement :

— Quand on est morte... est-ce que les pieds touchent le bois du cercueil?...

— Clara!... implorai-je... Pourquoi toujours parler de la mort?... Et tu veux que je ne sois pas triste? Je t'en prie,... ne me rends pas fou tout à fait... Abandonne ces vilaines idées qui me torturent... et rentrons... Par pitié, ma chère Clara, rentrons.

Elle n'écoutait pas ma prière et elle con-

tinuait sur un ton de mélopée dont je ne
savais pas... non, en vérité, je ne savais pas
si c'était de l'émotion ou de l'ironie, des
larmes nerveuses ou du rire grimaçant.

— Si tu es près de moi... quand je mour-
rai... cher petit cœur... écoute bien!... Tu
mettras... c'est cela... tu mettras un joli
coussin de soie jaune entre mes pauvres
petits pieds et le bois du cercueil... Et puis...
tu tueras mon beau chien du Laos... et tu
l'allongeras, tout sanglant, contre moi...
comme il a coutume de s'allonger lui-même,
tu sais, avec une patte sur ma cuisse et une
autre patte sur mon sein... Et puis... longtemps... longtemps... tu m'embrasseras,
cher amour, sur les dents... et dans les cheveux... Et tu me diras des choses... des
choses si jolies... et qui bercent et qui brû-
lent... des choses comme quand tu m'aimes... Pas, tu veux, mon chéri?... Tu me
promets?... Voyons, ne fais pas cette figure
d'enterrement... Ce n'est pas de mourir qui
est triste... c'est de vivre quand on n'est pas
heureux... Jure! jure que tu me promets!...

— Clara! Clara!... je t'en supplie!..
Tais-toi...

J'étais, sans doute, à bout de nerfs... Un

flot de larmes jaillit de mes yeux... Je n'aurais pas pu dire la raison de ces larmes qui
n'étaient pas très douloureuses, où j'éprouvais, au contraire, comme un soulagement,
une détente... Et Clara s'y trompa, en se les
attribuant. Ce n'était pas sur elle que je
pleurais, ni sur son péché, ni sur la pitié que
m'inspirait sa pauvre âme malade, ni sur
l'évocation qu'elle venait de faire de sa
mort... C'était, peut-être, sur moi seul que
je pleurais, sur ma présence dans ce jardin,
sur cet amour maudit où je sentais que tout
ce qu'il y avait en moi, maintenant, d'élans
généreux, de désirs hautains, d'ambitions
nobles, se profanait au souffle impur de ces
baisers dont j'avais honte, dont j'avais soif
aussi?... Eh bien, non!... Et pourquoi me
mentir à moi-même?... Larmes toutes phy-
siques... larmes de faiblesse, de fatigue et
de fièvre, larmes d'énervement devant des
spectacles trop durs pour ma sensibilité dé-
primée, devant des odeurs trop fortes pour
mon odorat, devant les continuelles sautes,
de l'impuissance à l'exaspération, de mes
désirs charnels... larmes de femme... larmes
de rien!...

Certaine que c'était d'elle, d'elle morte...

d'elle allongée dans le cercueil que je pleurais, et heureuse de son pouvoir sur moi,
Clara se fit délicieusement câline.

— Pauvre mignon!... soupira-t-elle... Tu
pleures!... Eh bien, alors, dis tout de suite
que le gros patapouf avait l'air bon enfant...
Dis-le, pour me faire plaisir... et je me
tairai... et plus jamais je ne parlerai de la
mort... plus jamais... Allons!... tout de
suite... dites-le... petit cochon...

Lâchement, mais aussi pour en finir une
bonne fois avec toutes ces idées macabres,
je fis ce qu'elle me demandait :

Avec une joie bruyante, elle me sauta au
cou, me baisa aux lèvres, et, m'essuyant les
yeux, elle s'écria :

— Oh! tu es gentil!... tu es un gentil
bébé... un amour de bébé, cher petit cœur!...
Et moi, je suis une vilaine femme... une
méchante petite femme... qui te taquine,
tout le temps, et qui te fait pleurer... Et
puis, le gros patapouf est un monstre... je
le déteste... Et puis, je ne veux pas que tu
tues mon beau chien du Laos... et puis, je
ne veux pas mourir... Et puis je t'adore,
ah!... Et puis... et puis... tout cela, c'était
pour rire, tu comprends... Ne pleure plus...

ah! ne pleure plus!... Souris, maintenant...
souris, avec tes yeux si bons... et ta bouche
qui sait des choses si tendres... ta bouche,
ta bouche!... Et marchons plus vite...
J'aime tant marcher très vite, à ton bras!...

Et son ombrelle, au-dessus de nos têtes
qui se touchaient, voletait, légère, brillante
et folle, ainsi qu'un grand papillon.

Nous approchions de la cloche.

A droite et à gauche, d'immenses fleurs rouges, d'immenses fleurs pourprées, des pivoines couleur de sang et, dans l'ombre, sous les énormes feuilles en parasol des petasites, les anthuriums, pareils à des plèvres saignantes, semblaient nous saluer au passage, ironiquement, et nous montrer le chemin de torture. Il y avait aussi d'autres fleurs, fleurs de boucherie et de massacre, des tigridias ouvrant des gorges mutilées, des diclytras et leurs guirlandes de petits cœurs rouges, et aussi de farouches labiées à la pulpe dure, charnue, d'un teint de muqueuse, de véritables lèvres humaines — les lèvres de Clara — vociférant du haut de leurs tiges molles.

— Allez, mes chéris .. allez donc. plus
vite... Là où vous allez, il y a encore plus
de douleurs, plus de supplices, plus de sang
qui coule et s'égoutte à travers le sol... plus
de corps tordus, déchirés, râlant sur les
tables de fer... plus de chairs hachées qui se
balancent à la corde des gibets... plus
d'épouvante et plus d'enfer... Allez, mes
amours, allez, lèvres contre lèvres et la main
dans la main. Et regardez entre les feuillages et les treillages, regardez se développer
l'infernal diorama, et la diabolique fête de
la mort.

Toute frémissante, les dents serrées, ses
yeux redevenus ardents et cruels, Clara
s'était tue... Elle s'était tue et, tout en marchant, elle écoutait la voix des fleurs en qui
elle reconnaissait sa propre voix à elle, sa
voix des jours terribles et des nuits homicides, une voix de férocité, de volupté, de
douleur aussi, et qui, en même temps que
des profondeurs de la terre et des profondeurs de la mort, semblait venir des profondeurs, plus profondes et plus noires de
son âme.

Un bruit strident comme un grincement
de poulie traversa l'air... Puis, ce fut quel-

que chose de très doux, de très pur, de
pareil à la résonance d'une coupe de cristal
contre laquelle, le soir, s'est heurté le sol
d'une phalène. Nous entrions alors, dans
une vaste allée tournante, bordée de chaque
côté par de hauts treillages qui répandaient,
sur le sable, des ombres criblées de petits
losanges de lumière. Entre les treillages et
les feuillages, Clara, avidement, regarda.
Et, malgré moi, malgré ma sincère résolution de désormais fermer les yeux au spectacle maudit, attiré par cet étrange aimant
de l'horreur, vaincu par cet invincible vertige des curiosités abominables, moi aussi,
entre les feuillages et les treillages, je
regardai.

Et voici ce que nous vîmes...

Sur le plateau d'un tertre, vaste et bas,
auquel l'allée aboutissait par une montée
insensible et continue, c'était un espace tout
rond, artistement disposé en arboretum,
par de savants jardiniers. Enorme, trapue,
d'un bronze mat lugubrement patiné de
rouge, la cloche, au centre de cet espace,
était suspendue par le crochet d'une poulie sur la traverse supérieure d'une sorte
de guillotine en bois noir dont les mon-

tants s'ornaient d'inscriptions dorées et de
masques terrifiants. Quatre hommes, nus
jusqu'à la ceinture, les muscles bandés, la
peau distendue jusqu'à n'être plus qu'un
paquet de bosses difformes, tiraient sur la
corde de la poulie et c'est à peine si leurs
efforts rhythmiquement combinés parve
naient à ébranler, à soulever la pesante
masse de métal qui, à chaque secousse,
exhalait un son presque imperceptible, ce
son doux, pur, plaintif que nous avions
entendu tout à l'heure, et dont les vibrations allaient se perdre et mourir dans les
fleurs. Le battant, lourd pilon de fer, avait,
alors, un léger mouvement d'oscillation,
mais n'atteignait plus les parois sonores,
lasses d'avoir si longtemps sonné l'agonie
d'un pauvre diable. Sous la coupole de la
cloche, deux autres hommes, les reins nus,
le torse ruisselant de sueur, sanglés d'une
étoffe de laine brune, se penchaient sur
quelque chose qu'on ne voyait pas... Et
leurs poitrines dont les côtes saillaient, leurs
flancs maigres soufflaient comme ceux des
chevaux fourbus

Tout cela se distinguait vaguement, un
peu confus, un peu brouillé, se rompait

soudain par mille interpositions de choses et se recomposait ensuite, d'ensemble, dans les interstices des feuillages et les losanges des treillages.

— Il faut se dépêcher... il faut se dépêcher!... s'écria Clara qui, pour marcher plus vite, ferma son ombrelle et releva sa robe sur les hanches, d'un geste hardi.

L'allée tournait toujours, tantôt ensoleillée, tantôt ombreuse et changeait d'aspect, à chaque instant, mêlant à plus de beauté florale, plus d'inexorable horreur.

— Regarde bien, mon chéri, dit Clara... regarde partout... Nous voici dans la plus belle, dans la plus intéressante partie du jardin... Tiens! ces fleurs! oh! ces fleurs!

Et elle me désigna de bizarres végétaux qui croissaient dans une partie du sol ou l'on voyait l'eau sourdre de tous côtés... Je m'approchai... C'étaient sur de hautes tiges, squamifères et tachées de noir comme des peaux de serpents, d'énormes spathes, sortes de cornets évasés d'un violet foncé de pourriture à l'intérieur, à l'extérieur d'un jaune verdâtre de décomposition, et semblables à des thorax ouverts de bêtes mortes... Du fond de ces cornets, sortaient de longs

spadices sanguinolents, imitant la forme de
monstrueux phallus... Attirées par l'odeur de
cadavre que ces horribles plantes exalaient,
des mouches volaient autour, par essaims
serrés, des mouches s'engouffraient au fond
de la spathe, tapissée, de haut en bas, de
soies contractiles qui les enlaçaient et les
retenaient prisonnières, plus sûrement que
des toiles d'araignées... Et le long des tiges,
les feuilles digittées se crispaient, se tor-
daient, telles des mains de suppliciés.

— Tu vois, cher amour, professa Clara...
ces fleurs ne sont point la création d'un cerveau malade, d'un génie délirant... c'est de
la nature... Quand je te dis que la nature
aime la mort!...

— La nature aussi crée les monstres!

— Les monstres !... les monstres !...
D'abord, il n'y a pas de monstres!... Ce que
tu appelles des monstres ce sont des formes
supérieures ou en dehors, simplement, de ta
conception... Est-ce que les dieux ne sont
pas des monstres?... Est-ce que l'homme de
génie n'est pas un monstre, comme le tigre,
l'araignée, comme tous les individus qui
vivent, au-dessus des mensonges sociaux,
dans la resplendissante et divine immora-

lité des choses?... Mais, moi aussi, alors, je
suis un monstre !..

Nous étions maintenant engagés entre des
palissades de bambous, le long desquelles
couraient des chèvrefeuilles, des jasmins
odorants, des bignones, des mauves arbo-
rescentes, des hibiscus grimpants, non
encore fleuris. Un ménisperme étreignait
une colonne de pierre de ses lianes innombrables. Au haut de la colonne, grimaçait
une face de divinité hideuse dont les oreilles
s'éployaient en ailes de chauve-souris, et dont
la chevelure finissait en cornes de feu. Des
incarvilléas, des hémérocalles, des morées,
des delphiniums nudicaules en dissimulaient
la base qui se perdait dans leurs clochettes
roses, leurs thyrses écarlates, leurs calices
d'or, et leurs étoiles purpurines. Couvert
d'ulcères et mangé de vermine, un bonze
mendiant qui paraissait être le gardien de
cet édifice, et qui dressait des mangoustes
de Tourane à faire des sauts périlleux, nous
injuria en nous apercevant...

— Chiens!... chiens!... chiens!...

Il fallut jeter quelques pièces de monnaie
à cet énergumène dont les invectives dépas-
saient tout ce que l'indignation la plus

ordurière peut concevoir. d'outrageantes
obscénités.

— Je le connais ! dit Clara. Il est comme
tous les prêtres de toutes les religions... il veut
nous effrayer pour se faire donner un peu d'argent... mais ce n'est pas un mauvais diable !

De place en place, dans les renfonce-
ments de la palissade, simulant des salles
de verdure et des parterres de fleurs, les
banquettes de bois, armées de chaînes et de
colliers de bronze, les tables de fer en forme
de croix, les billots, les grils, les gibets, les
machines à écartèlement automatique, les
lits bardés de lames coupantes, hérissés de
pointes de fer, les carcans fixes, les chevalets et les roues, les chaudières et les bassines
au-dessus des foyers éteints, tout un outil-
lage de sacrifice et de torture, étalait du
sang, ici séché et noirâtre, là, gluant et
rouge. Des flaques de sang remplissaient
les parties creuses; de longues larmes de
sang figé pendaient par les assemblages dis-
joints... Autour de ces mécanismes, le sol
achevait de pomper le sang... Du sang encore étoilait de rouge la blancheur des jasmins, marbrait le rose coralin des chèvrefeuilles, le mauve des passiflores, et de

petits morceaux de viande humaine, qui
avaient volé sous les coups des fouets et des
lanières de cuir, s'accrochaient, çà et là, à la
pointe des pétales et des feuilles... Voyant
que je faiblissais et que je bronchais aux
flaques, dont les taches s'élargissaient et
gagnaient le milieu de l'allée, Clara, d'une
voix douce, m'encourageait :

— Ce n'est rien encore, mon chéri...
Avançons!...

Mais il était difficile d'avancer. Les
plantes, les arbres, l'atmosphère, le sol
étaient pleins de mouches, d'insectes ivres,
de coléoptères farouches et batailleurs, de
moustiques gorgés. Toute la faune des cadavres éclosait là, par myriades, autour de
nous, dans le soleil... Des larves immondes
grouillaient dans les mares rouges, tombaient des branches, en grappes molles...
Le sable semblait respirer, semblait marcher, soulevé par un mouvement, par un
pullulement de vie vermiculaire. Assourdis,
aveuglés, nous étions, à chaque instant,
arrêtés par tous ces essaims bourdonnants,
qui se multipliaient, et dont je redoutais
pour Clara les piqûres mortelles... Et nous
avions, parfois, cette sensation horrible que

nos pieds enfonçaient dans la terre dé-
trempée, comme s'il avait plu du sang!...

— Ce n'est rien encore... répétait Clara..,
Avançons!..

Et voici que, pour compléter le drame,
des faces humaines apparurent... des
équipes d'ouvriers qui, d'un pas nonchalant,
venaient nettoyer et réparer les instruments
de torture, car l'heure était passée des exé-
cutions dans le jardin... Il nous regardèrent,
étonnés sans doute de rencontrer en cette
minute, et à cette place, deux êtres encore
debout, deux êtres encore vivants et qui
avaient toujours leur tête, leurs jambes,
leurs bras... Plus loin, accroupi sur la terre,
dans la posture d'un magot de potiche, nous
vîmes un potier ventru et débonnaire qui
vernissait des pots de fleurs, fraîchement
cuits; près de lui, un vannier, d'un doigt
indolent et précis, tressait des joncs souples
et des pailles de riz, ingénieux abris pour les
plantes.. sur une meule, un jardinier aigui-
sait son greffoir, en chantonnant des airs
populaires, tandis que, mâchant des feuilles
de bétel, et dodelinant de la tête, une vieille
femme récurait placidement une sorte de
gueule de fer, dont les dents aiguës gar-

daient encore, à leurs pointes, d'immondes débris humains. Nous vîmes encore des enfants tuer à coups de bâton des rats dont ils emplissaient des paniers. Et le long des palissades, affamés et féroces, traînant l'impériale splendeur de leur manteau dans la boue sanglante, des paons, des troupeaux de paons piquaient de leur bec le sang jailli au cœur des fleurs, et, avec des gloussements carnassiers, happaient les lambeaux de chair collés au feuillage.

Une odeur fade d'abattoir, qui persistait par-dessus toutes les autres odeurs et les dominait, nous retourna le cœur et nous fit monter à la gorge d'impérieuses nausées. Clara, elle-même, fée des charniers, ange des décompositions et des pourritures, moins soutenue par ses nerfs, peut-être, avait légèrement pâli... La sueur perlait à ses tempes... Je vis se révulser ses yeux et faiblir ses jambes.

— J'ai froid! dit-elle.

Elle eut vers moi un regard de véritable détresse. Ses narines, toujours gonflées comme des voiles au vent de la mort, s'étaient amincies... Je crus qu'elle allait défaillir...

— Clara! suppliai-je... Vous voyez **bien**
que c'est impossible... et qu'il y a un degré
d'horreur que, vous-même, vous ne pouvez
pas dépasser...

Je lui tendis mes deux bras... mais elle
les repoussa, et, se raidissant contre le mal,
de toute l'indomptable énergie de ses frêles
organes :

— Est-ce que vous êtes fou?... fit-elle...
Allons, mon chéri... plus vite... marchons
plus vite!...

Pourtant, elle prit son flacon, en respira
les sels...

— C'est vous qui êtes tout pâle... et
qui marchez comme un homme ivre... Moi,
je ne suis pas malade... je suis très bien... et
j'ai envie de chanter...

Elle commença de chanter :

Ses vêtements sont des jardins d'été.
Et des...

Elle avait trop présumé de ses forces.. sa
voix s'étrangla brusquement dans sa gorge...

Je pensai l'occasion bonne de la ramener...
de l'émouvoir, de la terrifier, peut-être...
Vigoureusement, je tentai de l'attirer vers
moi.

— Clara!.. ma petite Clara!... Il ne faut
pas défier ses forces... il ne faut pas défier
son âme... Rentrons, je t'en prie!...

Mais elle protesta :

— Non... non... laisse-moi... ne dis
rien... ce n'est rien... Je suis heureuse !

Et, vivement, elle se dégagea de mon
étreinte :

— Tu vois!... Il n'y a même pas de sang
sur mes souliers...

Puis, agacée :

— Dieu! que ces mouches sont assom-
mantes!... Pourquoi y a-t-il tant de mouches
ici?... Et ces horribles paons, pourquoi ne
les fais-tu pas taire ?

J'essayai de les chasser... quelques-uns
s'obstinèrent à leur glane sanglante; quelques-uns, lourdement s'envolèrent et, poussant des cris plus stridents, ils se perchèrent
non loin de nous, au haut des palissades, et
dans les arbres d'où leurs traînes retombè-
rent, pareilles à des écroulements d'étoffes
brodées d'éblouissants joyaux...

— Sales bêtes!... fit Clara.

Grâce aux sels dont elle avait longuement
respiré les émanations cordiales, grâce surtout à son implacable volonté de ne pas dé-

faillir, son visage avait déjà retrouvé ses couleurs rosées, ses jarrets leur mouvement souple et nerveux... Alors, elle chanta d'une voix raffermie :

Ses vêtements sont des jardins d'été
Et des temples, un jour de fête,
Ses seins durs et rebondis
Luisent comme une couple de vases d'or
Remplis de liqueurs enivrantes
Et de grisants parfums...
J'ai trois amies...

Après un moment de silence, elle se remit à chanter d'une voix plus forte, qui couvrait le bourdonnement des insectes :

Les cheveux de la troisième sont nattés,
Et roulés sur sa tête.
Et jamais ils n'ont connu la douceur des huiles parfumées.
Sa face qui exprime la luxure est difforme
Et son corps est pareil à celui d'un porc...
Toujours elle gronde et grogne...
Ses seins et son ventre exhalent l'odeur de poisson,
Et son lit est plus répugnant que le nid de la huppe.
C'est celle-là que j'aime.
Et celle-là, je l'aime parce qu'il est quelque chose de
*   plus mystérieusement attirant que la beauté : la*
*   divine pourriture.*
La pourriture en qui réside la chaleur éternelle de vie,
En qui s'élabore l'éternel renouvellement des métamorphoses !...
J'ai trois amies.

Et pendant qu'elle chantait, pendant que sa voix allait s'égrenant parmi les horreurs du jardin, un nuage se montra, très haut, très loin... Dans l'immensité du ciel, il était comme une toute petite barque rose, une toute petite barque, avec des voiles de soie qui grandissaient à mesure qu'elle avançait, dans un glissement doux.

Et quand elle eut fini de chanter :

— Oh! le petit nuage! s'écria Clara, redevenue toute joyeuse... Regarde comme il est joli, tout rose, sur l'azur!... Tu ne le connais pas?... Tu ne l'as jamais vu? .. Mais c'est un petit nuage mystérieux... et peut-être même que ce n'est pas un petit nuage du tout... Chaque jour, à la même heure, il apparaît, venant on ne sait d'où... Et il est toujours seul, toujours rose... Il glisse, glisse, glisse... Puis il se fait moins dense, il s'effiloche, s'éparpille, se dissipe, se fond dans le firmament... Il est parti!... Et, pas plus que d'où il est venu, personne ne sait où il s'en est allé!... Il y a ici des astronomes très savants qui croient que c'est un génie... Moi, je crois que c'est une âme qui voyage.., une pauvre petite âme égarée comme la mienne...

23

Et elle ajouta, se parlant à elle-même :

— Et si c'était l'âme de la pauvre Annie?

Durant quelques minutes, elle contempla le nuage inconnu qui, déjà, pâlissait et, peu à peu, s'évanouissait...

— Tiens !... le voilà qui fond... qui fond... C'est fini !... Plus de petit nuage!... Il est parti !...

Elle demeura silencieuse et charmée, les yeux perdus dans le ciel.

Une brise légère s'était levée, qui faisait courir dans les arbres un frémissement doux, et le soleil était moins dur, moins accablant; sa lumière se cuivrait magnifiquement vers l'ouest, s'amollissait à l'orient, dans des tons gris perle, d'une nacrure nuancée à l'infini. Et les ombres des kiosques, des grands arbres, des Buddhas de pierre s'allongeaient plus minces, moins découpées et toutes bleues, sur les pelouses...

VIII

Nous étions près de la cloche:

De très hautes tiges de prunier à fleurs doubles serrées l'une contre l'autre en ·interceptaient la vue. Nous la devinions par un peu plus d'ombre entre les feuilles, entre les fleurs, de petites fleurs pomponnées, blanches et toutes rondes, comme des pâquerettes.

Les paons nous avaient suivi à quelques mètres, effrontés et prudents à la fois, tendant le col, étalant sur le sable rouge la splendide traîne de leur queue ocellée. Il y en avait aussi de tout blancs, d'un blanc de velours, dont le poitrail était moucheté de taches sanglantes et dont la tête cruelle se diadémait d'une large aigrette en éventail, où, chaque plume, mince et raide, portait à la pointe comme une gouttelette tremblante de cristal rose.

Tables de fer, chevalets dressés,. armatures sinistres se multipliaient. A l'ombre d'un tamarix géant, nous aperçûmes une sorte de fauteuil rococo. Les accoudoirs chantournés étaient faits alternativement d'une scie et d'une lame d'acier coupant, le dossier et le siège d'une réunion de piques de fer. A l'une de ces piques un lambeau de chair pendait. Légèrement, adroitement, Clara l'enleva du bout de son ombrelle et le jeta aux paons voraces qui se précipitèrent, en battant des ailes, et se le disputèrent à grands coups de bec. Durant quelques minutes, ce fut une éblouissante mêlée, un entre-choquement de pierreries si fulgurant que, malgré tous mes dégoûts, je m'attardai à en admirer le spectacle merveilleux. Perchés dans les arbres voisins, des lophophores, des faisans vénérés, de grands coqs combattants de la Malaisie, aux cuirasses damasquinées, surveillaient le manège des paons, et, sournois. attendaient l'heure du festin.

Brusquement, dans le mur des pruniers s'ouvrait une large trouée, une sorte d'arche de lumière et de fleurs, et la cloche était là, devant nous, était là, énorme et terrible, devant nous... Ses lourdes charpentes, vernies de noir, décorées d'inscriptions d'or et de masques rouges, ressemblaient au profil d'un temple et luisaient dans le soleil, étrangement. Tout autour, le sol, entièrement recouvert d'une couche de sable où le son s'étouffait, était circonscrit par le mur des pruniers fleuris, fleuris de ces fleurs épaisses qui tapissaient, de leurs bouquets blancs, toute la hauteur des tiges. Du milieu de ce cirque rouge et blanc, la cloche était sinistre à voir. C'était, en quelque sorte, comme un gouffre en l'air, un abîme suspendu qui semblait monter de la terre au ciel, et dont on ne voyait pas le fond, où s'accumulaient de muettes ténèbres.

Et nous comprîmes, à ce moment, sur quoi étaient penchés les deux hommes dont les torses maigres et les reins, sanglés de laine brune, nous étaient apparus, sous le dôme de la cloche, dès notre entrée dans cette partie du jardin. Ils étaient penchés sur un cadavre qu'ils débarrassaient des liens de cordes, des lanières de cuir au moyen desquels il avait été solidement ligotté. Le ca-

23.

davre, couleur d'argile ocreuse, était entièrement nu, et sa face touchait le sol. Il était affreusement contracté, les muscles en sursaut,
la peau tout en houles violentes, ici creusée, là
boursouflée, comme par une tumeur. On sentait que le supplicié s'était longtemps débat-
tu, qu'il avait vainement tenté de rompre ses
liens et que, sous l'effort désespéré et conti-
nu, liens de corde et lanières de cuir étaient
entrés peu à peu dans la chair où ils faisaient
maintenant des bourrelets de sang brun, de
pus figé, de tissu verdâtre. Le pied sur le
mort, le 'dos bombé, les deux bras bandés
comme des câbles, les hommes tiraient sur
les liens qu'ils ne pouvaient arracher qu'en
ramenant des lambeaux de chair... Et de
leur gorge sortait un ahan rythmique, qui
s'achevait bientôt en un rauque sifflement...

Nous nous approchâmes...

Les paons s'étaient arrêtés. Grossis de
nouveaux troupeaux, ils emplissaient, maintenant, l'allée circulaire et l'ouverture fleurie qu'ils n'osaient pas franchir... Nous entendions, derrière nous, leurs rumeurs, et
leur sourd piétinement de foule. C'était, en
effet, comme une foule accourue au seuil
d'un temple, une foule serrée, pressée, im-

patiente, étouffée, respectueuse et qui, cous
tendus, yeux ronds, hagarde et bavarde,
regarde s'accomplir un mystère qu'elle ne
comprend pas.

Nous nous approchâmes encore.·

— Vois, mon chéri, me dit Clara, comme
tout cela est curieux et unique... et quelle
magnificence!....En quel autre pays, trouver un pareil spectacle?... Une salle de torture parée comme pour un bal... et cette
foule éblouissante des paons, servant d'assis-
tance, de figuration, de populaire, de décor
à la fête!... Dirait-on pas que nous sommes
transportés, hors la vie, parmi les imaginations et les poésies de très anciennes légendes?... Est-ce que, vraiment, tu n'es pas
émerveillé?... Moi, il me semble que je vis
ici, toujours, dans un rêve!...

Des faisans, aux plumages éclatants, aux
longues queues orfévrées, volaient, se croi-
saient au-dessus de nous. Plusieurs osè-
rent se percher, de place en place, sur le
sommet des tiges en fleurs.

Clara, qui suivait tous les caprices de formes et de couleurs de ces vols féeriques,
reprit, après quelques minutes d'un silence
charmé :

— Admire, mon amour, comme les Chinois, si méprisés de ceux qui ne les connaissent point, sont véritablement d'étonnantes gens!... Pas un peuple n'a su assouplir et domestiquer la nature, avec une intelligence aussi précise... Quels artistes uniques!... et quels poètes!... Regarde ce cadavre qui sur le sable rouge a le ton des vieilles idoles... Regarde-le bien... car c'est extraordinaire... On dirait que les vibrations de la cloche, sonnant à toute volée, ont pénétré dans ce corps comme une matière dure et refoulante... qu'elles en ont soulevé les muscles, fait craquer les veines, tordu et broyé les os... Un simple son, si doux à l'oreille, si délicieusement musical, si émouvant pour l'esprit, devenant quelque chose de mille fois plus terrible et douloureux que tous les instruments compliqués du vieux patapouf!... Crois-tu que c'est affolant?... Non, mais concevoir cette chose prodigieuse, que ce qui fait pleurer d'extase et de mélancolie divine les vierges amoureuses qui passent, le soir, dans la campagne, peut aussi faire rugir de souffrance, peut aussi faire mourir, dans la plus indicible souffrance, une misérable carcasse humaine... je dis que c'est du génie... Ah! l'admirable supplice!... et si discret, puisqu'il s'accomplit dans les ténèbres... et dont l'horreur, quand on y réfléchit un peu, ne saurait être égalée à aucune autre... D'ailleurs, comme le supplice de la caresse, il est très rare aujourd'hui, et tu as de la chance de l'avoir vu, à ta première visite dans ce jardin... On m'a assuré que les Chinois l'avaient rapporté de Corée, où il est très ancien et où, paraît-il, il est demeuré fréquent... Nous irons en Corée, si tu veux... Les Coréens sont des tortureurs d'une férocité inimitable... et ils fabriquent les plus beaux vases du monde, des vases d'un blanc épais, tout à fait unique, et qui semblent avoir été trempés... ah! si tu savais! — dans des bains de liqueur séminale!...

Puis, revenant au cadavre :

— Je voudrais savoir qui est cet homme!... Car on n'ordonne, ici, le supplice de la cloche, que pour les criminels de qualité... les princes qui conspirent... les hauts fonctionnaires qui ne plaisent plus à l'Empereur... C'est un supplice aristocratique et presque glorieux...

Elle me secoua le bras :

— Cela n'a pas l'air de t'emballer, ce que je dis... Et tu ne m'écoutes même pas!... Mais songe donc... Cette cloche qui sonne... qui sonne... C'est si doux!... Quand on l'entend, de loin, cela vous donne l'idée de pâques mystiques..., de messes joyeuses..., de baptêmes..., de mariages... Et c'est la plus terrifiante des morts!... Moi je trouve cela inouï... Et toi?

Et comme je ne répondais pas :

— Si... si.., insista-t-elle..., Dis que c'est inouï!... Je veux, je veux!... Sois gentil!...

Devant mon silence persistant, elle eut un petit mouvement de colère.

— Comme tu es désagréable!... fit-elle... Jamais tu n'aurais une gentillesse pour moi!... Qu'est-ce qui pourra donc te dérider?... Ah! je ne veux plus t'aimer... je n'ai plus de désirs pour toi... Cette nuit, tu coucheras, tout seul, dans le kiosque... Moi, j'irai retrouver ma petite Fleur-de-Pêcher, qui est bien plus gentille que toi, et qui connaît l'amour, mieux que les hommes...

Je voulus bégayer je ne sais quoi.

— Non, non... laissez!... C'est fini!... Je ne veux plus vous parler... Et je regrette de n'avoir pas amené Fleur-de-Pêcher ..

Vous êtes insupportable... vous me rendez
triste... Vous me rendez bête... C'est
odieux!... Et voilà une journée perdue,
que je m'étais promise si exaltante, avec
toi !...

Son bavardage, sa voix m'irritaient. Depuis quelques instants, je ne voyais même
plus sa beauté. Ses yeux, ses lèvres, sa
nuque, ses lourds cheveux d'or, et jusqu'aux
ardeurs de son désir, et jusqu'aux luxures
de son péché, tout, en elle, me semblait
hideux, maintenant. Et de son corsage entr'ouvert, de la nudité rose de sa poitrine
où, tant de fois, j'avais respiré, j'avais bu,
j'avais mordu l'ivresse de si grisants parfums, montait l'exhalaison d'une chair putréfiée, de ce petit tas de chair putréfiée,
qu'était son âme... Plusieurs fois, j'avais été
tenté de l'interrompre par un violent outrage... de lui fermer la bouche avec mes
poings... de lui tordre la nuque... Je sentais
se lever en moi, contre cette femme, une
haine si sauvage que, lui saisissant le bras,
rudement, je criai, d'une voix égarée :

— Taisez-vous!... Ah! taisez-vous!... ne
me parlez plus jamais, jamais!... Car, j'ai
envie de vous tuer, démon!... je devrais vous

tuer, et vous jeter ensuite au charnier, charogne!

Malgré mon exaltation, j'eus peur de mes
propres paroles... Mais, pour les rendre,
enfin, irrémédiables, je répétai, en lui
meurtrissant le bras de mes mains force-
nées :

— Charogne!... charogne!... charogne!

Clara n'eut pas un mouvement de recul,
pas même un mouvement des paupières...
Elle avança sa gorge, offrit sa poitrine... Son
visage s'illumina d'une joie inconnue et resplendissante... Simplement, lentement, avec
une douceur infinie, elle dit :

— Eh bien!... tue-moi, chéri... J'aime-
rais être tuée par toi, cher petit cœur!...

Ç'avait été un éclair de révolte dans la
longue et douloureuse passivité de ma soumission... Il s'éteignit aussi vite qu'il s'était
allumé... Honteux du cri, injurieusement
ignoble que je venais de proférer, je lâchai
le bras de Clara... et toute ma colère, due à
une excitation nerveuse, fondit subitement
dans un grand accablement.

— Ah! tu vois... fit Clara, qui ne voulut
pas profiter davantage de ma piteuse défaite
et de son trop facile triomphe... tu n'as

même pas ce courage, qui serait beau...
Pauvre bébé!...

Et comme si rien ne se fût passé entre
nous, elle se remit à suivre, d'un regard
passionné, l'affreux drame de la cloche...

Durant cette courte scène, les deux hommes s'étaient reposés. Ils paraissaient exténués. Maigres, haletants, les côtes saillant
sous la peau, les cuisses décharnées, ils ne
représentaient plus rien d'humain... La
sueur coulait, comme d'une gouttière, par
la pointe de leurs moustaches, et leurs flancs
battaient comme ceux des bêtes forcées par
les chiens... Mais un surveillant apparut,
tout d'un coup, le fouet en main. Il vociféra
des mots de colère et, à tour de bras, il
cingla de son fouet les reins osseux des deux
misérables qui reprirent leur besogne en
hurlant...

Effrayés par le claquement du fouet, les
paons poussèrent des cris, battirent des
ailes. Il y eut, parmi eux, comme un tumulte de fuite... une bousculade tourbillon-
nante, une déroute de panique. Puis, peu à
peu rassurés, ils revinrent, un à un, couple
par couple, groupe par groupe, reprendre
leur place sous l'arche en fleurs, gonflant

24

davantage la splendeur de leur gorge et
dardant sur la scène de mort de plus féroces
regards... Les faisans, qui continuaient de
passer rouges, jaunes, bleus, verts, au-dessus
du cirque blanc, brodaient d'éclatantes soies,
de décors sveltes et changeants, le lumineux
plafond du ciel.

Clara appela le surveillant et engagea
avec lui, en chinois, un bref colloque qu'elle
me résumait, au fur et à mesure des ré-
ponses.

— Ce sont ces deux pauvres diables qui
ont sonné la cloche... Quarante-deux heures
sans boire, sans manger, sans un seul
repos !... Crois-tu ?... Et comment ne sont-ils
pas morts, eux aussi ?... Je sais bien que les
Chinois ne sont pas faits comme nous, qu'ils
ont dans la fatigue et dans la douleur physique une endurance extraordinaire... Ainsi,
moi, j'ai voulu voir combien de temps un
Chinois pouvait travailler sans prendre de
nourriture... Douze jours, chéri... il ne
tombe qu'au bout du douzième jour !... C'est
à ne pas croire !... Il est vrai que le travail
que je lui imposais n'était rien auprès de
celui-là... Je lui faisais bêcher la terre, sous
le soleil...

Elle avait oublié mes injures, sa voix était
redevenue amoureuse et caressante, comme
lorsqu'elle me contait un beau conte d'a-
mour... Elle poursuivit :

— Car tu ne doutes pas, chéri, des efforts
violents, continus, surhumains qu'il faut,
pour mettre en branle et actionner le battant de la cloche?... Beaucoup, même parmi
les plus forts, y succombent... Une veine
rompue... une lésion des reins... et ça
y est!... Ils tombent morts, tout d'un coup,
sur la cloche!... Et ceux qui n'en meurent
pas, sur place, y gagnent des maladies dont
ils ne guérissent jamais!... Vois, comme par
le frottement de la corde, leurs mains sont
gonflées et saignantes!... Du reste, il paraît
que ce sont des condamnés, eux aussi!... Ils
meurent en tuant, et les deux supplices se
valent, va!... C'est égal... il faut être bon
pour ces misérables... quand le surveillant
sera parti, tu leur donneras quelques taëls,
pas?

Et, revenant au cadavre :

— Ah! tu sais... je le connais maintenant... c'est un gros banquier de la ville...
il était très riche et volait tout le monde...
Mais ce n'est pas pour cela qu'il fut con-

damné au supplice de la cloche. Le surveillant ne sait pas exactement pourquoi...
on dit qu'il trahissait avec les Japonais... Il
faut bien dire quelque chose...

A peine avait-elle prononcé ces paroles,
que nous entendîmes comme des plaintes
sourdes, comme des sanglots étouffés... Cela
venait, en face de nous, de derrière le mur
blanc, le long duquel des pétales se déta-
chaient et tombaient lentement sur le sable
rouge... Chute de larmes et de fleurs !

— C'est la famille... expliqua Clara...
Elle est là, selon l'usage, attendant qu'on lui
livre le corps du supplicié.

A ce moment, les deux hommes exténués
qui, par un prodige de volonté, se tenaient
encore debout, retournèrent le cadavre.
Clara et moi, simultanément, nous pous
sâmes un même cri. Et, se serrant contre
moi, et me déchirant l'épaule de ses ongles :

— Oh !... chéri !... chéri !... chéri !...
fit-elle.

Exclamation par où elle exprimait toujours l'intensité de son émotion aux appro-
ches de la terreur comme de l'amour.

Et nous regardions le cadavre et, dans un
même mouvement de stupeur, nous tendions

le cou vers le cadavre, et nous ne pouvions détacher notre vue du cadavre.

Sur sa face toute convulsée et dont tous les muscles rétractés dessinaient, creusaient d'affreuses grimaces et des angles hideux, la bouche tordue, découvrant les gencives et les dents, mimait un rire effroyable de dément, un rire que la mort avait raidi, fixé et, pour ainsi dire, modelé dans tous les plis de la peau. Les deux yeux, démesurément ouverts, dardaient sur nous un regard qui ne regardait plus, mais où l'expression de la plus terrifiante folie demeurait, et si prodigieusement ricanant, si paroxystement fou, ce regard, que jamais, dans les cabanons des asiles, il ne me fut donné d'en surprendre un pareil aux yeux d'un vivant.

En observant, sur le corps, tous ces déplacements musculaires, toutes ces déviations des tendons, tous ces soulèvements des os, et, sur la face, ce rire de la bouche, cette démence des yeux survivant à la mort, je compris combien plus horrible que n'importe quelle autre torture avait dû être l'agonie de l'homme couché quarante-deux heures dans ses liens, sous la cloche. Ni le couteau qui dépèce, ni le fer rouge qui brûle,

24.

ni les tenailles qui arrachent, ni les coins
qui écartent les jointures, font craquer les
articulations et fendent les os comme des
morceaux de bois, ne pouvaient exercer
plus de ravages sur les organes d'une chair
vive, et emplir un cerveau de plus d'épouvante que ce son de cloche invisible et imma-
tériel devenant, à lui seul, tous les instruments connus de supplice, s'acharnant, en
même temps, sur toutes les parties sensibles
et pensantes d'un individu, faisant l'office de
plus de cent bourreaux...

Les deux hommes s'étaient remis à tirer
sur les liens, leur gorge à siffler, leurs
flancs à battre plus vite. Mais la force leur
manquait, leur coulait des membres en ruis-
seaux de sueur. A peine si, maintenant, ils
pouvaient se tenir debout, et, de leurs doigts
raidis, ankylosés, tendre les lanières de cuir...

— Chiens! hurla le surveillant...

Un coup de fouet leur enveloppa les reins
et ne les fit même pas se redresser contre
la douleur. Il semblait que, de leurs nerfs
débandés toute sensibilité eût disparu.
Leurs genoux, de plus en plus ployés, de
plus en plus tremblants, s'entre-choquaient.
Ce qui leur restait de muscles sous la peau

écorchée se contractait en mouvements té-
taniques... Tout d'un coup, l'un d'eux, à
bout d'épuisement, lâcha les liens, poussa
une petite plainte rauque, et, portant les
bras en avant, il tomba près du cadavre, la
face contre le sol, en rejetant, par la
bouche, un flot de sang noir.

— Debout!... lâche!... debout, chien!...
cria encore le surveillant...

A quatre reprises, le fouet siffla et claqua
sur le dos de l'homme... Les faisans perchés
sur les tiges fleuries s'envolèrent avec un
grand bruit d'ailes. J'entendis derrière nous
les rumeurs affolées des paons... Mais
l'homme ne se releva pas... Il ne bougeait
plus et la tache de sang s'élargissait sur le
sable... L'homme était mort!...

Alors, j'entraînai Clara dont les petits
doigts m'entraient dans la peau... Je me sentais très pâle, et je marchais, et je trébuchais
comme un ivrogne...

— C'est trop!... c'est trop!... ne cessais-je
de répéter.

Et Clara, qui me suivait docilement, répétait aussi :

— Ah! tu vois, mon chéri!... je savais
bien, moi!... t'avais-je menti?

Nous gagnâmes une allée qui conduisait
au bassin central et les paons, qui nous
avaient suivis jusque-là, nous abandonnèrent
tout d'un coup et se répandirent, à grand
bruit, à travers les massifs et les pelouses
du jardin.

Cette allée, très large, était, de chaque
côté, bordée d'arbres morts, d'immenses
tamariniers dont les grosses branches dé-
nudées s'entre-croisaient en dures ara-
besques sur le ciel. Une niche était creusée
dans chaque tronc. La plupart restaient
vides, quelques-unes enfermaient des corps
d'hommes et de femmes violemment tordus
et soumis à de hideux et obscènes supplices.
Devant les niches occupées, une sorte de
greffier, en robe noire, se tenait debout,
très grave, avec une écritoire sur le ventre
et un registre de justice dans les mains.

— C'est l'allée des prévenus... me dit
Clara... Et ces gens debout que tu vois ne
sont là que pour recueillir les aveux que la
souffrance prolongée pourrait arracher à
ces malheureux... Il est rare qu'ils avouent...
ils préfèrent mourir ainsi, pour n'avoir pas
à traîner leur agonie dans les cages du
bagne et, finalement, périr en d'autres sup-

plices... Généralement, les tribunaux n'a-
busent pas, sauf dans les crimes politiques,
de la prévention... Ils jugent en bloc, par
fournées, au petit bonheur... Du reste, tu
vois que les prévenus ne sont pas nombreux
et que la plupart des niches sont vides... Il
n'en est pas moins vrai que l'idée est ingé-
nieuse. Je crois bien qu'elle leur vient de la
mythologie grecque... C'est, dans l'horreur,
une transposition de cette fable charmante
des hamadryades, captives des arbres !

Clara s'approcha d'un arbre dans lequel
râlait une femme encore jeune. Elle était
suspendue, par les poignets, à un crochet de
fer et les poignets étaient réunis entre deux
pièces de bois, serrées à grande force. Une
corde raboteuse, en filaments de coco, couverte de piment pulvérisé et de moutarde,
trempée dans une solution de sel s'enroulait
autour des deux bras.

— On maintient cette corde, voulut bien
remarquer mon amie, jusqu'à ce que les
membres soient enflés au quadruple de leur
grosseur naturelle... Alors, on la retire,
et les ulcères qu'elle produit souvent crèvent
en plaies hideuses. On en meurt souvent,
on n'en guérit jamais.

— Mais si le prévenu est reconnu inno-
cent? demandai-je.

— Eh bien... voilà! fit Clara.

Une autre femme, dans une autre niche,
les jambes écartées, ou plutôt écartelées,
avait le cou et les bras dans des colliers de
fer... Ses paupières, ses narines, ses lèvres,
ses parties sexuelles étaient frottées de
poivre rouge et deux écrous lui écrasaient la
pointe des seins... Plus loin, un jeune
homme était pendu au moyen d'une corde
passée sous ses aisselles; un gros bloc de
pierre lui pesait aux épaules et l'on entendait le craquement des jointures... Un autre
encore, le buste renversé, maintenu en équi-
libre par un fil d'archal qui reliait le cou aux
deux orteils, était accroupi avec des pierres
pointues et tranchantes entre les plis des
jarrets... Les niches dans les troncs devenaient vides. De place en place, seulement,
un ligoté, un crucifié, un pendu dont les
yeux étaient fermés, qui semblait dormir,
qui était mort, peut-être! Clara ne disait
plus rien, n'expliquait plus rien... Elle
écoutait le vol pesant des vautours qui, au-
dessus des branchages entre-croisés, passaient, et, plus haut encore, le croassement

des corbeaux qui, par bandes innombrables, planaient dans le ciel...

L'allée lugubre des tamariniers finissait sur une large terrasse fleurie de pivoines et par où nous descendîmes au bassin...

Les iris dressaient hors de l'eau leurs longues tiges portant des fleurs extraordinaires, aux pétales colorés comme les vieux vases de grès; précieux émaux violacés avec des couleurs de sang; pourpres sinistres, bleus flammés d'ocre orangée, noirs de velours, avec des gorges de soufre... Quelques-uns, immenses et crispés, ressemblaient à des caractères kabbalistiques... Les nymphées et les nélumbiums étalaient sur l'eau dorée leurs grosses fleurs épanouies qui me firent l'effet de têtes coupées et flottantes... Nous restâmes quelques minutes penchés sur la balustrade du pont à regarder l'eau, silencieusement. Une carpe énorme, dont on ne voyait que le mufle d'or, dormait sous une feuille, et les cyprins, entre les typhas et les joncs, passaient, pareils à des pensées rouges dans le cerveau d'une femme.

IX

Et voilà que la journée finit.

Le ciel devient rouge, traversé de larges bandes smaragdines, d'une surprenante translucidité. C'est l'heure ou les fleurs prennent un éclat mystérieux, un rayonnement violent et contenu à la fois... Partout, elles flambent comme si, le soir, elles rendaient à l'atmosphère toute la lumière, tout le soleil dont leur pulpe s'imprégna durant le jour. Les allées de brique pulvérisée semblent, entre le vert exalté des pelouses, ici, des rubans de feu, là, des coulées de lave incandescente. Les oiseaux se sont tus dans les branches; les insectes ont cessé leur bourdonnement, meurent ou s'endorment. Seuls, les papillons nocturnes et les chauves-souris commencent de circuler dans l'air.

Du ciel à l'arbre, de l'arbre au sol, partout, le silence s'établit. Et je le sens qui pénètre aussi en moi et qui me glace, comme de la mort.

Un troupeau de grues descend lentement la pente gazonnée et vient se ranger non loin de nous, autour du bassin. J'entends le frôlis de leurs pattes dans l'herbe haute, et le claquement sec de leurs becs. Puis dressées sur une seule patte, immobiles, la tête sous leurs ailes, on dirait des décors de bronze. Et la carpe au museau d'or qui dormait sous une feuille de nélumbium, vire dans l'eau, s'enfonce, disparaît, laissant à la surface de larges ondes qui agitent d'un mol balancement les calices refermés des nymphéas, vont s'élargissant, se perdant, parmi les touffes des iris dont les diaboliques fleurs, étrangement simplifiées, inscrivent dans la magie du soir des signes fatalistes, échappés au livre des destins...

Une énorme aroïdée évase, au-dessus de l'eau, le cornet de sa fleur verdâtre piquée de taches brunes, et nous envoie une odeur forte de cadavre. Longtemps, des mouches persistent, s'obstinent, s'acharnent autour du charnier de son calice...

Accoudée à la rampe du pont, le front barré, les yeux fixes, Clara regarde l'eau. Un reflet du soleil couchant embrase sa nuque... Sa chair s'est détendue et sa bouche est plus mince. Elle est grave et très triste. Elle regarde l'eau, mais son regard va plus loin et plus profond que l'eau; il va, peut-être, vers quelque chose de plus impénétrable et de plus noir que le fond de cette eau; il va, peut-être, vers son âme, vers le gouffre de son âme qui, dans les remous de flammes et de sang, roule es fleurs monstrueuses de son désir... Que regarde-t-elle, vraiment?... A quoi songe-t-elle? Je ne sais pas... Elle ne regarde peut-être rien... elle ne songe peut-être à rien... Un peu lasse, les nerfs brisés, meurtrie sous les coups de fouets de trop de péchés, elle se tait, voilà tout... A moins que, par un dernier effort de sa cérébralité, elle ne ramasse tous les souvenirs et toutes les images de cette journée d'horreur, pour en offrir un bouquet de fleurs rouges à son sexe?... Je ne sais pas...

Je n'ose plus lui parler. Elle me fait peur, et elle me trouble aussi jusqu'au tréfonds de moi-même, par son immobilité, et par son silence. Existe-t-elle réellement?... Je me le

demande, non sans effroi... N'est-elle point
née de mes débauches et de ma fièvre?...
N'est-elle point une de ces impossibles
images, comme en enfante le cauchemar?...
Une de ces tentations de crime comme la
luxure en fait lever dans l'imagination de ces
malades que sont les assassins et les fous?...
Ne serait-elle pas autre chose que mon âme,
sortie hors de moi, malgré moi, et matéria-
lisée sous la forme du péché?...

Mais non... Je la touche. Ma main a
reconnu les réalités admirables, les réalités
vivantes de son corps... A travers la mince
et soyeuse étoffe qui la recouvre, sa peau a
brûlé mes doigts... Et Clara n'a pas frémi
à leur contact; elle ne s'est point pâmée,
comme tant de fois, à leur caresse. Je la
désire et je la hais... Je voudrais la prendre dans mes bras et l'étreindre jusqu'à
l'étouffer, jusqu'à la broyer, jusqu'à boire la
mort — sa mort — à ses veines ouvertes.
Je crie d'une voix, tour à tour menaçante
et soumise :

— Clara!... Clara!... Clara!

Clara ne répond pas, ne bouge pas... Elle
regarde toujours l'eau qui, de plus en plus,
s'assombrit; mais je crois en vérité qu'elle ne

regarde rien, ni l'eau, ni le reflet rouge du
ciel dans l'eau, ni les fleurs, ni elle-même...
Alors, je m'écarte un peu pour ne plus la
voir et ne plus la toucher, et je me tourne vers
le soleil qui disparaît, vers le soleil dont il ne
reste plus sur le ciel que de grandes lueurs
éphémères qui, peu à peu, vont bientôt se
fondre, s'éteindre dans la nuit...

L'ombre descend sur le jardin, traîne ses
voiles bleus, plus légers sur les pelouses nues,
plus épais sur les massifs qui se simplifient.
Les fleurs blanches des cerisiers et des pêchers, d'un blanc maintenant lunaire, ont
des aspects glissants, des aspects errants, des
aspects étrangement penchés de fantômes...
Et les gibets et les potences dressent leurs
fûts sinistres, leurs noires charpentes, dans
le ciel oriental, couleur d'acier bleu.

Horreur!... Au-dessus d'un massif, sur la
pourpre mourante du soir, je vois tourner et
tourner, tourner sur des pals, tourner lentement, tourner dans le vide, et se balancer,
pareilles à d'immenses fleurs dont les tiges
seraient visibles dans la nuit, je vois tourner, tourner les noires silhouettes de cinq
suppliciés·

— Clara!... Clara!... Clara!. .

Mais ma voix n'arrive pas jusqu'à elle...
Clara ne répond pas, ne bouge pas, ne se
retourne pas... Elle reste penchée au-dessus
de l'eau, au-dessus du gouffre de l'eau. Et de
même qu'elle ne m'entend plus, elle n'entend
plus les plaintes, les cris, les râles de tous
ceux-là qui meurent dans le jardin.

Je ressens en moi comme un lourd accablement, comme une immense fatigue après
des marches et des marches, à travers les
forêts fiévreuses, au bord des lacs mortels...
et je suis envahi par un découragement, dont
il me semble que je ne pourrai plus jamais
l'éloigner de moi... En même temps, mon
cerveau est pesant, et il me gêne... On dirait
qu'un cercle de fer m'étreint les tempes, à me
faire éclater le crâne.

Alors, peu à peu, ma pensée se détache du
jardin, des cirques de torture, des agonies
sous les cloches, des arbres hantés de la douleur, des fleurs sanglantes et dévoratrices...
Elle voudrait franchir le décor de ce charnier,
pénétrer dans la lumière pure, frapper, enfin,
aux Portes de vie... Hélas! les Portes de vie ne
s'ouvrent jamais que sur de la mort, ne s'ouvrent jamais que sur les palais et sur les jardins de la mort... Et l'univers m'apparaît

comme un immense, comme un inexorable
jardin des supplices... Partout du sang, et là
où il y a plus de vie, partout d'horribles tour-
menteurs qui fouillent les chairs, scient les
os, vous retournent la peau, avec des faces
sinistres de joie...

Ah oui ! le jardin des supplices !... Les passions, les appétits, les intérêts, les haines,
le mensonge ; et les lois, et les institutions
sociales, et la justice, l'amour, la gloire,
l'héroïsme, les religions, en sont les fleurs
monstrueuses et les hideux instruments de
l'éternelle souffrance humaine... Ce que j'ai
vu aujourd'hui, ce que j'ai entendu, existe
et crie et hurle au delà de ce jardin, qui
n'est plus pour moi qu'un symbole, sur toute
la terre... J'ai beau chercher une halte dans
le crime, un repos dans la mort, je ne les
trouve nulle part...

Je voudrais, oui, je voudrais me rassurer,
me décrasser l'âme et le cerveau avec des souvenirs anciens, avec le souvenir des visages
connus et familiers... J'appelle l'Europe à mon
aide et ses civilisations hypocrites, et Paris,
mon Paris du plaisir et du rire... Mais c'est
la face d'Eugène Mortain que je vois grima-
cer sur les épaules du gros et loquace bour-

reau qui, au pied des gibets, dans les fleurs,
nettoyait ses scalpels et ses scies... Ce sont
les yeux, la bouche, les joues flasques et
tombantes de M⁼ G... que je vois se pen-
cher sur les chevalets, ses mains violatrices
que je vois toucher, caresser, les mâchoires
de fer, gorgées de viande humaine... C'est
tous ceux et toutes celles que j'ai aimées ou
que j'ai cru aimer, petites âmes indifférentes
et frivoles, et sur qui s'étale maintenant
l'ineffaçable tache rouge... Et ce sont les
juges, les soldats, les prêtres qui, partout,
dans les églises, les casernes, les temples
de justice s'acharnent à l'œuvre de mort...
Et c'est l'homme-individu, et c'est l'homme-
foule, et c'est la bête, la plante, l'élément,
toute la nature enfin qui, poussée par les
forces cosmiques de l'amour, se rue au
meurtre, croyant ainsi trouver hors la vie, un
assouvissement aux furieux désirs de vie qui
la dévorent et qui jaillissent, d'elle, en des
jets de sale écume !

Tout à l'heure, je me demandais qui était
Clara et si, réellement, elle existait... Si
elle existe?... Mais Clara, c'est la vie, c'est
la présence réelle de la vie, de toute la vie !...

— Clara!... Clara!... Clara!

Elle ne répond pas, ne bouge pas, ne se retourne pas... Une vapeur, plus dense, bleu et argent, monte des pelouses, du bassin, enveloppe les massifs, estompe les charpentes de supplice... Et il me semble qu'une odeur de sang, qu'une odeur de cadavre monte avec elle, encens que d'invisibles encensoirs, balancés par d'invisibles mains, offrent à la gloire immortelle de la mort, à la gloire immortelle de Clara!

A l'autre bout du bassin, derrière moi, le gecko commence à sonner les heures... Un autre gecko lui répond... puis un autre... puis un autre... à intervalles réguliers... C'est comme des cloches qui s'appellent et conversent en chantant, des cloches festivales d'un timbre extraordinairement pur, d'une sonorité cristalline et douce, si douce, qu'elle dissipe tout d'un coup les figures de cauchemar, dont le jardin est hanté, qu'elle donne de la sécurité au silence, et à la nuit un charme de rêve blanc... Ces notes si claires, si inexprimablement claires, évoquent alors, en moi, mille et mille paysages nocturnes, où mes poumons respirent, où ma pensée se reprend... En quelques minutes, j'ai oublié que je suis auprès de Clara,

que, tout autour de moi, le sol et les fleurs
achèvent de pomper du sang, et je me vois
errant, à travers le soir argenté, au milieu
des féeriques rizières de l'Annam.

— Rentrons! dit Clara.

Cette voix brève, agressive et lasse me
rappelle à la réalité... Clara est devant
moi... Ses jambes croisées se devinent sous
les plis collants de sa robe... Elle s'appuie
sur le manche de son ombrelle. Et, dans la
pénombre, ses lèvres brillent comme, dans
une grande pièce fermée, une petite lueur
voilée d'un rose abat-jour...

Comme je ne bouge pas, elle dit encore :

— Eh bien!... Je vous attends!...

Je veux lui prendre le bras... Elle refuse.

— Non... non... Marchons à côté l'un de
l'autre!...

J'insiste.

— Vous devez être fatiguée, chère Clara... Vous...

— Non... non... pas du tout!

— Le chemin est long, d'ici au fleuve...
Prenez mon bras, je vous en prie!

— Non... merci!... Et taisez-vous!... oh!
taisez-vous!...

— Clara! vous n'êtes plus la même...

— Si vous voulez me faire plaisir... taisez-vous !... Je n'aime pas qu'on me parle à
cette heure !...

Sa voix est sèche, coupante, impérieuse...
Nous voilà partis... Nous traversons le pont,
elle devant, moi derrière, et nous nous
engageons dans les petites allées qui ser-
pentent à travers les pelouses. Clara marche
à pas brusques, par saccades, péniblement...
Et telle est l'invulnérable beauté de son
corps, que ces efforts n'en rompent point
la ligne harmonieuse, souple et pleine...
Ses hanches gardent une ondulation divinement voluptueuse... Même, quand son
esprit est loin de l'amour, qu'il se raidit,
se crispe et proteste contre l'amour, c'est
de l'amour, toujours, ce sont toutes les
formes, toutes les ivresses, toutes les ardeurs de l'amour qui animent, et pour ainsi
dire, modèlent ce corps prédestiné... En
elle, il n'est pas une attitude, pas un geste,
pas un frisson, il n'est pas un froissement
de sa robe, un envolement de ses cheveux,
qui ne crient l'amour, qui ne suent l'amour.
qui ne laissent tomber de l'amour et de
l'amour autour d'elle, sur tous les êtres et
sur toutes les choses. Le sable de l'allée crie

sous ses petits pieds, et j'écoute le bruit du
sable qui est comme un cri de désir, et
comme un baiser, et où je distingue, nettement rythmé, ce nom qui est partout, qui
était au craquement des potences, au râle
des agonisants, et qui emplit maintenant,
de son obsession exquise et funèbre, tout
le crépuscule :

— Clara!... Clara!... Clara!...

Pour le mieux entendre, le gecko s'est
tu... Tout s'est tu...

Le crépuscule est adorable, d'une douceur infinie, d'une fraîcheur caressante qui
donne de l'ivresse... Nous marchons dans
les parfums... Nous frôlons des fleurs merveilleuses, plus merveilleuses d'être à peine
visibles, et qui s'inclinent et qui nous saluent sur notre passage comme de mystérieuses fées. Plus rien ne reste de l'horreur
du jardin; sa beauté seule demeure, fré-
mit et s'exalte avec la nuit qui tombe, de
plus en plus délicieuse, sur nous.

Je me suis ressaisi... Il me semble que
ma fièvre s'en est allée... Mes membres
deviennent plus légers, plus élastiques, plus
forts... A mesure que je marche, ma fa-

tigue se dissipe, et je sens monter en moi
quelque chose comme un violent besoin
d'amour. . Je me suis rapproché de Clara,
et je marche à côté d'elle... tout près d'elle...
brûlé par elle... Mais Clara n'a plus sa
figure de péché, alors qu'elle mordillait la
fleur de thalictre et qu'elle barbouillait ses
lèvres, passionnément, à l'âcre pollen...
L'expression glacée de son visage dément
toutes les ardeurs lascives de son corps...
Du moins, autant que je puis l'examiner, il
me paraît bien que la luxure qui était en
elle, qui frémissait, d'un si étrange éclat, en
ses yeux, qui se pâmait sur sa bouche, a
disparu, complètement disparu de sa bouche
et de ses yeux, en même temps que les sanglantes images des supplices du jardin.

Je lui demande d'une voix tremblée :

— Vous m'en voulez, Clara?... Vous me
détestez?

Elle me répond d'une voix irritée :

— Mais non! mais non! Cela n'a aucun
rapport, mon ami... Je vous en prie, taisez-
vous... Vous ne savez pas combien vous
me fatiguez!...

J'insiste :

— Si! si!... Je vois bien que vous me

détestez... Et c'est affreux!... Et j'ai envie
de pleurer!..

— Dieu! que vous m'agacez!... Taisez-
vous... et, pleurez, si cela peut vous faire
plaisir... Mais taisez-vous!...

Et comme nous repassons devant l'endroit où nous nous arrêtâmes à causer avec
le vieux bourreau, je dis, croyant par ma
persistance stupide ramener un sourire
aux lèvres mortes de Clara :

— Vous souvenez-vous du gros patapouf,
mon amour?...Et comme il était drôle, avec sa
robe couverte de sang... et sa trousse, et ses
doigts rouges, cher petit cœur... et ses théories sur le sexe des fleurs?... Vous souvenez-
vous?... Ils se mettent quelquefois à vingt
mâles, pour le spasme d'une seule femelle...

Cette fois, c'est un haussement d'épaules
qui me répond... Elle ne daigne même plus
s'irriter de mes paroles...

Alors, poussé par un rut grossier, maladroitement, je me penche sur Clara, tente de
l'enlacer, et d'une main brutale, je lui em-
poigne les seins.

— Je te veux... là... tu entends... dans ce
jardin... dans ce silence... au pied de ces
gibets...

Ma voix est haletante ; une bave ignoble coule de ma bouche et, en même temps que cette bave, des mots abominables... les mots qu'elle aime !...

D'un coup de rein, Clara se dégage de ma gauche et lourde étreinte ; et, avec une voix où il y a de la colère, de l'ironie et aussi de la lassitude et de l'énervement :

— Dieu ! que vous êtes assommant, si vous saviez... et ridicule, mon pauvre ami !... Le vilain bouc que vous êtes !... Laissez-moi... Tout à l'heure, si vous y tenez, vous passerez vos sales désirs sur les filles... Vous êtes trop ridicule, vraiment !...

Ridicule !... Oui, je sens que je suis ridicule... Et je prends le parti de me tenir tranquille... Je ne veux plus tomber, dans son silence, comme une grosse pierre dans un lac où des cygnes dorment, sous la lune !...

X

Le sampang, tout illuminé de lanternes
rouges, nous attendait à l'embarcadère du
bagne. Une Chinoise, au visage rude, vêtue
d'une blouse et d'un pantalon de soie noire,
les bras nus, chargés de lourds anneaux d'or,
les oreilles ornées de larges cercles d'or,
tenait l'amarre. Clara sauta dans la barque.
Je la suivis.

— Où faut-il vous conduire? demanda la
Chinoise, en anglais.

Clara répondit d'une voix saccadée et qui
tremblait un peu :

— Où tu voudras... n'importe où... sur le
fleuve... Tu le sais bien...

J'observai alors qu'elle était très pâle. Ses
narines pincées, ses traits tirés, ses yeux

vagues exprimaient de la souffrance... La
Chinoise hocha la tête.

— Oui!... oui... je sais... fit-elle,

Elle avait de grosses lèvres rongées par le
béthel, de la dureté bestiale dans le regard.
Comme elle grommelait encore des mots
que je ne compris pas :

— Allons, Ki-Paï, ordonna Clara, d'un
ton bref, tais-toi!... et fais ce que je te dis...
D'ailleurs, les portes de la ville sont fermées...

— Les portes du jardin sont ouvertes...

— Fais ce que je dis.

Lâchant l'amarre, la Chinoise, d'un mouvement robuste, empoigna la godille qu'elle
manœuvra avec une souple adresse... Et nous
glissâmes sur l'eau.

La nuit était très douce. Nous respirions un
air tiède, mais infiniment léger... L'eau chantait à la pointe du sampang... Et l'aspect du
fleuve était celui d'une grande fête.

Sur la rive opposée, à notre droite et à
notre gauche, les lanternes multicolores
éclairaient les mâts, les voilures, les ponts
pressés des bateaux... Une étrange rumeur,
— cris, chants, musiques, — venait de là,
comme d'une foule en joie... L'eau était toute
noire, d'un noir mat et gras de velours avec,

çà et là, des lueurs sourdes et clapotantes et
sans autres vifs reflets, que les reflets brisés,
les reflets rouges et verts des lanternes qui
décoraient les sampangs, dont le fleuve, à
cette heure, était sillonné en tous les sens. Et
par delà un espace sombre, dans le ciel
obscur, surgissant d'entre les noires décou-
pures des arbres, la ville, au loin, les terrasses
étagées de la ville s'allumaient comme un
immense brasier rouge, comme une montagne de feu.

A mesure que nous nous éloignions, nous
apercevions, plus confusément, les hautes
murailles du bagne dont, à chaque tour des
veilleurs, les phares tournants projetaient
sur le fleuve et sur la campagne des triangles
d'aveuglante lumière.

Clara était entrée sous le baldaquin qui
faisait de cette barque une sorte de mol
boudoir, tendu de soie et qui sentait
l'amour... De violents parfums brûlaient
en un très ancien vase de fer ouvré, repré-
sentation naïvement synthétique de l'éléphant, et dont les quatre pieds barbares et
massifs reposaient sur un délicat entrelacs
de roses. Aux tentures, des estampes voluptueuses, des scènes hardiment luxurieuses,

d'un art étrange, savant et magnifique. La
frise du baldaquin, précieux travail de boi
colorié, reproduisait exactement un fragmen
de cette décoration du temple souterrain
d'Eléphanta, que les archéologues, selon les
traditions brahmaniques, appellent pudiquement : l'Union de la Corneille... Un large et
profond matelas de soie brodée occupait le
centre de la barque, et du plafond descendait
une lanterne à transparents phalliques, une
lanterne en partie voilée d'orchidées et qui
répandait sur l'intérieur du sampang une
demi-clarté mystérieuse de sanctuaire ou
d'alcôve.

Clara se jeta sur les coussins. Elle était
extraordinairement pâle et son corps tremblait, secoué par des spasmes nerveux. Je
voulus lui prendre les mains... Ses mai
étaient toutes glacées.

— Clara !.. Clara !.. implorai-je... qu'avez-
vous?... De quoi souffrez-vous?... Parlez-
moi !...

Elle répondit d'une voix rauque, d'une
voix qui sortait péniblement du fond de sa
gorge contractée :

— Laisse-moi tranquille... Ne me touche
pas... ne me dis rien... Je suis malade.

Sa pâleur, ses lèvres exsangues et sa voix
qui était comme un râle, me firent peur... Je
crus qu'elle allait mourir... Effaré, j'appelai
à mon aide la Chinoise :

— Vite !... vite ! Clara meurt! Clara
meurt !...

Mais, ayant écarté les rideaux et montré
sa face de chimère, Ki-Paï haussa les épaules,
et elle s'écria brutalement :

— Ça n'est rien... C'est toujours comme
ça, chaque fois qu'elle revient de là-bas.

Et, maugréant, elle retourna à sa godille.

Sous la poussée nerveuse de Ki-Paï, la
barque soulevée glissa plus vite sur le fleuve.
Nous croisâmes des sampangs pareils au
nôtre et d'où partaient, sous les baldaquins
aux rideaux fermés, des chants, des bruits de
baisers, des rires, des râles d'amour, qui se
mêlaient au clapotis de l'eau et à des sono-
rités lointaines, comme étouffées, de tam-
tams et de gongs... En quelques minutes,
nous eûmes atteint l'autre rive, et, longtemps
encore, nous longeâmes des pontons noirs et
déserts, des pontons allumés et pleins de
foule, bouges populaciers, maisons de thé
pour les portefaix, bateaux de fleurs pour
les matelots et la racaille du port. A peine si,

par les hublots et les fenêtres éclairées,
je pus voir — visions rapides — d'étranges
figures fardées, des danses lubriques, des
débauches hurlantes, des visages en mal
d'opium...

Clara restait insensible à tout ce qui se
passait autour d'elle, dans la barque de soie
et sur le fleuve. Elle avait la face enfouie dans
un coussin qu'elle mordillait... J'essayai de
lui faire respirer des sels. Par trois fois, elle
éloigna le flacon d'un geste las et pesant. La
gorge nue, les deux seins crevant l'étoffe
déchirée du corsage, les jambes tendues et
vibrantes ainsi que les cordes d'une viole,
elle respirait avec effort... Je ne savais que
faire, je ne savais que dire... Et j'étais penché
sur elle, l'âme angoissée, pleine d'incertitudes tragiques et de choses troubles, troubles... Afin de m'assurer que c'était bien une
crise passagère et que rien en elle ne s'était
brisé des ressorts de la vie, je lui saisis les
poignets... Dans ma main son pouls battait,
rapide, léger, régulier comme un petit cœur
d'oiseau ou d'enfant... De temps en temps,
un soupir s'exhalait de sa bouche, un long et
douloureux soupir qui soulevait et gonflait sa
poitrine en houle rose... Et, tout bas, trem-

blant, avec une voix très douce, je murmu-
rais :

— Clara!... Clara!... Clara!..

Elle ne m'entendait pas, ne me voyait pas,
la face perdue dans le coussin. Son chapeau
avait glissé de ses cheveux dont l'or roux
prenait, sous les reflets de la lanterne, des
tons de vieil acajou, et, débordant la robe,
ses deux pieds, chaussés de peau jaune, gardaient encore, çà et là, de petites taches de
boue sanglante.

— Clara!... Clara!... Clara!...

Rien que le chant de l'eau et les musiques
jointaines et, entre les rideaux du baldaquin,
là-bas, la montagne en feu de la ville terrible,
et plus près, les reflets rouges, verts, les
reflets alertes, onduleux, semblables à de
minces anguilles lumineuses, qui s'enfonce-
raient dans le fleuve noir.

Un choc de la barque... Un appel de la
Chinoise... Et nous accostions une sorte de
longue terrasse, la terrasse illuminée, toute
bruyante de musiques et de fêtes, d'un bateau
de fleurs.

Ki-Paï amarra la barque à des crochets de

fer, devant un escalier qui trempait, dans
l'eau, ses marches rouges. Deux énormes lanternes rondes brillaient en haut de deux
mâts, où flottaient des banderoles jaunes.

— Où sommes-nous?... demandai-je.

— Nous sommes-là où elle m'a donné
l'ordre de vous conduire, répondit Ki-Paï,
d'un ton bourru. Nous sommes là où elle
vient passer la nuit, quand elle rentre de là-
bas...

Je proposai :

— Ne vaudrait-il pas mieux la ramener
chez elle, dans l'état de souffrance où elle
est?

Ki-Paï répliqua :

— Elle est toujours ainsi, après le bagne...
Et puis, la ville est fermée, et pour gagner le
palais, par les jardins, c'est trop loin, maintenant... et trop dangereux.

Et elle ajouta, méprisante :

— Elle est très bien ici... Ici, on la connaît!...

Je me résignai.

— Aide-moi, alors, commandai-je... Et
ne sois pas brusque avec elle.

Très doucement, avec des précautions infinies, Ki-Paï et moi, nous saisîmes, dans nos

bras, Clara qui n'opposait pas plus de résistance qu'une morte et, la soutenant, la portant plutôt, nous la fîmes à grand'peine sortir de la barque et monter l'escalier. Elle était lourde et glacée... Sa tête se renversait un peu en arrière; ses cheveux entièrement dénoués, ses épais et souples cheveux ruisselaient sur ses épaules en ondes de feu. S'accrochant d'une main molle, presque défaillante, au cou rude de Ki-Paï, elle poussait de petites plaintes vagues, lâchait de petits mots inarticulés, ainsi qu'un enfant... Et moi, un peu haletant, sous le poids de mon amie, je gémissais :

— Pourvu qu'elle ne meure pas, mon Dieu!... pourvu qu'elle ne meure pas!

Et Ki-Paï ricanait la bouche féroce :

— Mourir!... Elle!... Ah bien oui!... Ce n'est pas de la souffrance qui est dans son corps... c'est de la saleté!...

Nous fûmes reçus, en haut de l'escalier, par deux femmes, aux yeux peints, et dont la nudité dorée transparaissait, toute, dans les voiles légers, vaporeux, dont elles étaient drapées. Elles avaient des bijoux obscènes dans les cheveux, des bijoux aux poignets et

aux doigts, des bijoux aux chevilles et aux
pieds nus, et leur peau frottée de fines
essences exhalait une odeur de jardin.

L'une d'elles tapa, en signe de joie, dans
ses mains :

— Mais c'est notre petite amie !... cria-
t-elle... Je te le disais bien, moi, qu'elle vien-
drait, le cher cœur... Elle vient toujours...
Vite... vite... couchez-la sur le lit, ce pauvre
amour.

Elle désignait une sorte de matelas, ou
plutôt de brancard allongé contre la cloison,
et sur lequel nous déposâmes Clara...

Clara ne remuait plus... Sous ses paupières
effrayamment ouvertes, les yeux révulsés ne
laissaient voir que leurs deux globes blancs...
Alors, la Chinoise aux yeux peints se pencha
sur Clara, et d'une voix délicieusement rythmée, comme si elle chantait une chanson,
elle dit :

— Petite, petite amie de mes seins et de
mon âme... que vous êtes belle ainsi !... Vous
êtes belle comme une jeune morte... Et pourtant, vous n'êtes pas morte... Vous allez
revivre, petite amie de mes lèvres, revivre
sous mes caresses et sous les parfums de ma
bouche.

Elle lui mouilla les tempes d'un parfum violent, lui fit respirer des sels :

— Oui, oui!... chère petite âme... vous êtes évanouie... et vous ne m'entendez pas!... Et vous ne sentez pas la douceur de mes doigts... mais votre cœur bat, bat, bat... Et l'amour galope en vos veines, comme un jeune cheval... l'amour bondit en vos veines comme un jeune tigre.

Elle se tourna vers moi :

— Il ne faut pas être triste... parce qu'elle est toujours évanouie, quand elle vient ici... Dans quelques minutes, nous crierons de plaisir dans sa chair heureuse et brûlante...

Et j'étais là, inerte, silencieux, les membres de plomb, la poitrine oppressée ainsi qu'il arrive dans les cauchemars... Je n'avais plus la sensation du réel... Tout ce que je voyais — images tronquées surgissant de l'ombre environnante, de l'abîme du fleuve, et y rentrant pour en ressurgir bientôt, avec des déformations fantastiques — m'effarait..

La longue terrasse, suspendue dans la nuit, avec ses balustres laqués de rouge, ses fines colonnettes, supportant le hardi retroussement du toit, ses guirlandes de lanternes alternant avec des guirlandes de fleurs, était

27

remplie d'une foule bavarde, remuante, extraordinairement colorée. Cent regards fardés étaient sur nous, cent bouches peintes chuchotaient des mots que je n'entendais pas, mais où il me semblait que revenait sans cesse le nom de Clara.

— Clara! Clara! Clara!

Et des corps nus, des corps enlacés, des bras tatoués, chargés d'anneaux d'or, des ventres, des seins tournaient parmi de légères écharpes envolées... Et dans tout cela, autour de tout cela, au-dessus de tout cela, des cris, des rires, des chants, des sons de flûte, et des odeurs de thé, de bois précieux, des aromes puissants d'opium des haleines lourdes de parfums...

Griserie de rêve, de débauche, de supplice et de crime, on eût dit que toutes ces bouches, toutes ces mains, tous ces seins, toute cette chair vivante, allaient se ruer sur Clara, pour jouir de sa chair morte!..

Je ne pouvais faire un geste, ni prononcer une parole... Près de moi, une Chinoise, toute jeune et jolie, presque une enfant, avec des yeux candides et lascifs à la fois, promenait sur un éventaire des objets étran-

gement obscènes, d'impudiques ivoires, des
phallus en gomme rose et des livres enlumi-
nés où étaient reproduites, par le pinceau,
les mille joies compliquées de l'amour...

— De l'amour!... de l'amour!... qui veut
de l'amour?... J'ai de l'amour pour tout le
monde!...

Pourtant, je me penchai sur Clara...

— Il faut la porter chez moi... commanda
la Chinoise aux yeux peints.

Deux hommes robustes soulevèrent le brancard... Machinalement je les suivis...

Guidés par la courtisane, ils s'engagèrent
dans un vaste couloir, somptueux comme un
temple. A droite et à gauche, des portes s'ouvraient sur de grandes chambres, toutes tendues de nattes, éclairées de lumières roses
très douces et voilées de mousselines... Des
animaux symboliques, dardant des sexes
énormes et terribles, des divinités bisexuées,
se prostituant à elles-mêmes ou chevauchant
des monstres en rut, en gardaient le seuil.
Et des parfums brûlaient en de précieux
vases de bronze...

Une portière de soie brodée de fleurs de
pêcher s'écarta, et dans l'écartement deux
têtes de femmes se montrèrent... L'une

de ces femmes demanda, en nous regardant
passer :

— Qu'est-ce qui est mort?

L'autre répondit :

— Mais non!... Personne n'est mort... Tu
vois bien que c'est ia femme du Jardin des
supplices...

Et le nom de Clara, chuchoté de lèvres en
lèvres, de lit en lit, de chambre en chambre,
emplit bientôt le bateau de fleurs comme une
obscénité merveilleuse. Il me sembla même
que les monstres de métal le répétaient dans
leur spasme, le hurlaient dans leurs délires
de luxure sanglante.

— Clara! Clara! Clara!...

Ici, j'entrevis un jeune homme étendu sur
un lit. La petite lampe d'une fumerie d'opium
brûlait, à portée de sa main. Il y avait dans
ses yeux, étrangement dilatés, comme de
l'extase douloureuse... Devant lui, bouche à
bouche, ventre à ventre, des femmes nues,
se pénétrant l'une l'autre, dansaient des
danses sacrées, tandis que, accroupis derrière un paravent, des musiciens, soufflaient dans de courtes flûtes... Là, d'autres
femmes assises en rond ou couchées sur la
natte du plancher, dans des poses obscènes,

coups de bélier dans les portes de fer d'une ville assiégée. Alors, ce fut autour de l'Idole une clameur démente, une folie de volupté sauvage, une mêlée de corps si frénétiquement étreints et soudés l'un à l'autre qu'elle prenait l'aspect farouche d'un massacre et ressemblait à la tuerie, dans leurs cages de fer, de ces condamnés, se disputant le lambeau de viande pourrie de Clara!... Je compris, en cette atroce seconde, que la luxure peut atteindre à la plus sombre terreur humaine et donner l'idée véritable de l'enfer, de l'épouvantement de l'enfer...

Et il me semblait que tous ces chocs, toutes ces voix haletantes, tous ces râles, toutes ces morsures, et l'Idole elle-même, n'avaient, pour exprimer, pour éructer leur rage d'inassouvissement et leur supplice d'impuissance qu'un mot... un seul mot!

— Clara!... Clara!... Clara!...

Lorsque nous eûmes gagné la chambre et déposé sur un lit Clara toujours évanouie, la conscience me revint et du milieu où je me trouvais, et de moi-même. De ces chants, de ces débauches, de ces sacrifices, de ces parfums déprimants, de ces impurs contacts

qui souillaient davantage l'âme endormie de
mon amie, j'éprouvai, en plus de l'horreur,
une accablante honte... J'eus beaucoup de
peine à éloigner les femmes, curieuses et
bavardes, qui nous avaient suivis, non seu
lement du lit où nous avions étendu Clara,
mais encore de la chambre, ou je voulais
rester seul... Je ne gardai avec moi que
Ki-Paï, laquelle, malgré ses airs bourrus et
ses rudes paroles se montrait très dévouée à
sa maîtresse et mettait une grande délicatesse et une adresse précieuse, dans les
soins qu'elle prenait d'elle.

Le pouls de Clara battait toujours avec l
même régularité rassurante, comme si elle
eût été en pleine vigueur de santé. Pas une
minute, la vie n'avait cessé d'habiter cette
chair qui semblait à jamais morte. Et tous
les deux, Ki-Paï et moi, nous étions penchés,
anxieusement, sur sa résurrection...

Tout à coup, elle poussa une plainte; les
muscles de son visage se crispèrent, et de
légères secousses nerveuses agitèrent sa
gorge, ses bras et ses jambes. Ki-Paï dit :

— Elle va avoir une crise terrible. Il
faut la maintenir vigoureusement et prendre
bien garde qu'elle ne se déchire la figure

et ne s'arrache les cheveux avec ses ongles.

Je pensai qu'elle pouvait m'entendre, et que de me savoir là, près d'elle, la crise qu'avait annoncée Ki-Païen serait adoucie... Je murmurai à son oreille, en essayant de mettre dans mes paroles toutes les caresses de ma voix, toutes les tendresses de mon cœur et aussi, toutes les pitiés — ah! oui — toutes les pitiés qui sont sur la terre...

— Clara! Clara... c'est moi... Regarde-moi... écoute-moi...

Mais Ki-Païme ferma la bouche.

— Taisez-vous donc!... fit-elle, impérieuse... Comment voulez-vous qu'elle nous entende?... Elle est encore avec les mauvais génies...

Alors, Clara commença de se débattre. Tous ses muscles se bandèrent, effroyablement soulevés et contractés... ses articulations craquèrent, comme les jointures d'un bateau désemparé dans la tempête... Une expression de souffrance horrible, d'autant plus horrible, qu'elle était silencieuse, envahit sa face crispée et pareille à la face des suppliciés, sous la cloche du jardin. De ses yeux, entre les paupières mi-fermées et battantes, on ne voyait plus qu'un mince trait blanchâtre... Un peu d'écume moussait à ses lèvres... Et, tout haletant, je gémissais :

— Mon Dieu... mon Dieu!.. Est-ce possible?.. Et que va-t-il arriver?

Ki-Païordonna :

— Maintenez-la... tout en laissant son corps libre... car il faut que les démons s'en aillent de son corps...

Et elle ajouta :

— C'est la fin... Tout à l'heure, elle va pleurer...

Nous lui tenions les poignets de façon à l'empêcher de se labourer la figure avec ses ongles. Et il y avait, en elle, une telle force d'étreinte que je crus qu'elle allait nous broyer les mains... Dans une dernière convulsion son corps s'arqua, des talons à la nuque... Sa peau tendue vibra. Puis la crise, peu à peu, mollit... Les muscles se détendirent, reprirent leur place, et elle s'affaissa, épuisée, sur le lit, les yeux pleins de larmes...

Durant quelques minutes, elle pleura, pleura... Larmes qui coulaient de ses yeux, intarissablement et sans bruit, comme d'une source !

— C'est fini! dit Ki-Paï   Vous pouvez lui parler...

Sa main était, maintenant, toute molle, moite et brûlante dans ma main. Ses yeux, encore vagues et lointains, cherchaient à reprendre conscience des objets et des formes, autour d'elle. Elle semblait revenir d'un long, d'un angoissant sommeil.

— Clara! ma petite Clara !... murmurai-je.

Longtemps elle me regarda d'un regard triste et voilé, à travers ses larmes.

— Toi... fit-elle... Toi... ah! oui..

Et sa voix était comme un souffle...

— C'est moi, c'est moi!... Clara, me voilà... Me reconnais-tu?

Elle eut une sorte de **petit hoquet, de** petit sanglot... Et elle bégaya :

— Oh! mon chéri!... **mon chéri!...** mon pauvre chéri !...

Mettant sa tête contre **la mienne,** elle supplia :

— Ne bouge plus... je suis bien ainsi... je suis pure ainsi... je suis toute blanche... toute blanche comme une anémone!...

Je lui demandai si elle souffrait encore :

— Non! non !... je ne souffre pas.. Et je suis heureuse d'être là, près de toi..., toute petite, près de toi... toute petite, toute petite... et toute blanche, blanche comme ces petites hirondelles des contes chinois... tu sais bien... ces petites hirondelles...

Elle ne prononçait — à peine si elle les prononçait — que de petits mots... de petits mots de pureté, de blancheur... Sur ses lèvres ce n'était que petites fleurs, petits oiseaux, petites étoiles, petites sources... et des âmes, et des ailes, et du ciel... du ciel... du ciel...

Puis, de temps en temps, interrompant son gazouillement, elle me serrait la main, plus ort, appuyait, pelotonnait sa tête contre la mienne, et elle disait, avec plus d'accent :

— Oh! mon chéri!... plus jamais, je te le jure!... Plus jamais, plus jamais... plus jamais!...

Ki-Paï s'était retirée, au fond de la chambre. Et, tout bas, elle chantait une chanson, une de ces chansons qui endorment et bercent le sommeil des petits enfants.

— Plus jamais... plus jamais... plus jamais!... répétait Clara, d'une voix lente d'une voix qui allait se perdant, se fondan dans la chanson de plus en plus lente auss de Ki-Paï.

La porte se referma et les bruits s'assour-
dirent, et les visages disparurent.

Et j'étais seul dans la chambre, où deux
lampes brûlaient, voilées de crêpe rose...
seul avec Clara qui dormait et, de temps en
temps, répétait en son sommeil, comme un
petit enfant rêvant :

— Plus jamais!... Plus jamais!...

Et comme pour donner un démenti à ces
paroles, un bronze que je n'avais pas encore
aperçu, une sorte de singe de bronze, accroupi dans un coin de la pièce, tendait vers
Clara, en ricanant férocement, un sexe monstrueux.

Ah! si plus jamais, plus jamais, elle ne
pouvait se réveiller!...

— Clara!... Clara!... Clara!...

Clos Saint-Blaise. Paris, 1898-1899.

Paris. — L. MARETHEUX, imprimeur, 1, rue Cassette.

Breinigsville, PA USA
17 November 2010
249588BV00003B/27/P